HALLO!

Dachgesellschaft: Jan, Kim, Annika, Svenja, Simone, Melanka, Nele, Tobias, Verena und Amin vom **GEOlino-extra-Team** stürmen das Reichstagsgebäude in Berlin – für dieses Foto

*»Ungefähr eine Million Menschen feiern hierzulande dieses Jahr ihren **70. Geburtstag** – genau wie die Bundesrepublik Deutschland! Trotzdem war es gar nicht so einfach, jemanden zu finden, der von den vergangenen Jahrzehnten erzählt. Am Ende habe ich einen Interviewpartner in Berlin getroffen und ihn ausgefragt: Wie hat er die Geschichte des Landes am eigenen Leib erlebt? Lest selbst ab Seite 28.«*

Annika, Textredakteurin

»Blättert unbedingt auf Seite 40! Dort erzählt Reporterin Bernadette, wie es ist, einen Tag lang bei der Müllabfuhr mit anzupacken. Bildredakteurin Melanka und ich haben sie dabei fotografiert. Weil im Müllauto aber nicht genug Platz für uns alle war, mussten wir im eigenen Auto die Verfolgungsjagd aufnehmen – ein großer Spaß!«

Tobias, Bildpraktikant

*»Es ist traurig, aber **Rassismus** ist noch immer ein Thema in Deutschland. Doch was steckt eigentlich dahinter? Darüber haben wir mit Schülern einer Anti-Rassismus-AG diskutiert. Sie erklären, wo Fremdenfeindlichkeit in ihrem Leben vorkommt und wie sie gegen Vorurteile kämpfen. Ihre Ansichten haben uns schwer beeindruckt. Ab Seite 60 könnt ihr das Gespräch nachlesen.«*

Verena, Heftredakteurin

SCHREIBT UNS!

Wie gefällt euch die neue Ausgabe? Wir freuen uns über Lob, Kritik und Anregungen – per Mail an: briefe@geolino.de

GEOlino extra Fotos: Titel: shutterstock; Editorial: GEOlino extra; shutterstock

INHALT

GEOlino

*Für alle, denen dieses Heft nicht genug ist: Uns gibt es auch im Netz unter **www.geolino.de***

GEOlino extra Fotos: Solvin Zankl (l. o. m.); Gordon Welters für GEOlino extra (l. u. m., 2); Melanka Helms/GEOlino extra (l. o. r., l. u. r., r. l. m., r. m. u.); Nele Heitmeyer/GEOlino extra (r. m. m.); imago (r. r. o.); Manuel Kilger für GEOlino extra (r. r. m.); shutterstock (8)

Willkommen zu Hause

Zieht die Schuhe aus, legt die Füße hoch, fühlt euch ganz wie zu Hause. Schließlich sind die meisten von euch das auch: daheim in Deutschland. Wir nehmen euch mit auf eine ***Reise*** *von den Alpen bis zur Nordsee und zeigen, was euer Heimatland ausmacht*

Text: ***Simone Müller***

Natur

Steile Berge, plattes Watt

Deutschlands Natur ist unfassbar vielseitig und vor allem im Süden geradezu überragend. Denn dort liegen die Alpen (Foto linke Seite) und der mit 2962 Metern höchste Berg des Landes: die **Zugspitze**. An die Alpen und ihr Vorland schließen sich die Mittelgebirge an – und große Wälder. Rund ein Drittel der Fläche des Landes ist davon bedeckt. Etwa ab der Mitte Deutschlands geht es bergab: Hier beginnt das **Norddeutsche Tiefland**. Auch hier gibt es ganz besondere Orte zu entdecken, etwa das Wattenmeer an der Nordsee – das größte der Welt! Dort reckt auch das größte Raubtier des Landes seinen pelzigen Bauch in die Sonne: die bis zu 300 Kilogramm schwere und 2,5 Meter lange **Kegelrobbe** (Foto rechte Seite). Sie gehört zu den insgesamt 48 000 heimischen Tierarten.

GEOlino extra Fotos: shutterstock (l.); Thomas Hinsche/imago (r.)

Freizeit

Gemeinsam statt einsam

Wie heißt es so schön? Wenn drei Deutsche sich treffen, gründen sie einen Verein. An der Behauptung ist viel Wahres dran: Insgesamt 600 000 **Vereine** mit rund 36 Millionen Mitgliedern gibt es hierzulande – von Kegelklubs über Schützen- und Gesangsvereine bis hin zur Freiwilligen Feuerwehr. Viele „Vereinsmeier" sind mit Leib und Seele dabei, wie die Fans von Borussia Dortmund (Foto). Allein auf der Südtribüne feuern bei jedem **Bundesliga-Heimspiel** knapp 25 000 Menschen ihre Mannschaft an. Rund 6,5 Millionen stehen selbst regelmäßig auf dem Platz. Damit liegt Fußball bei den am häufigsten ausgeübten Sportarten hinter **Fitnesstraining**, Wandern, Schwimmen und Joggen. Noch beliebter sind nur Gärtnern, Shoppen, essen gehen und Computerspiele zocken. Gut, dass die Deutschen mit sechs Stunden und 31 Minuten täglich mehr Zeit für Hobbys haben als die Menschen in den meisten anderen westlichen Ländern …

GEOlino extra Foto: ddp images

ZUR WG

Kultur

Beethoven, Bier und Blasmusik

Deutschland gilt als Land der Dichter und Denker, der Burgen und Schlösser. Zu Recht: Johann Wolfgang von Goethe, Friedrich Schiller und berühmte Philosophen wie Georg Wilhelm Friedrich Hegel schrieben hier ihre Werke, Johann Sebastian Bach komponierte seine weltberühmte Musik. Zu den bekanntesten Bauwerken zählt das **Schloss Neuschwanstein** (Foto rechte Seite), das einst der bayerische König Ludwig II. errichten ließ. Doch Deutschland ist auch das Land der Jecken und Narren, die jedes Jahr zur **Karnevalszeit** durch die Straßen ziehen (Foto linke Seite). Was sonst noch zur typisch deutschen Kultur gehört? Bier und Blasmusik vielleicht? Von wegen! Das beliebteste Getränk ist Mineralwasser, und nur zehn Prozent der Bevölkerung mögen Volksmusik. Jede Region hat ihre eigenen Traditionen und Vorlieben, hierzulande gibt es unzählige **Dialekte**. Zwei Dinge sind jedoch tatsächlich in ganz Deutschland verbreitet – und ziemlich einzigartig: Abendbrot und Apfelschorle. Beides kennen Menschen in vielen anderen Ländern nicht. Sie essen abends warm und trinken Saft fast immer pur.

GOLF

Wirtschaft

Deutschland, Autoland

Ackern im Akkord: Im Wolfsburger VW-Werk laufen täglich im Durchschnitt rund 2100 Autos vom Band (Foto). **Arbeiter** montieren im Minutentakt Motorhauben und Stoßstangen, verlegen Kabel, bauen Sitze ein. Kein anderer Bereich der deutschen Wirtschaft ist so wichtig wie die Automobilindustrie. Nach den USA, Japan und China ist Deutschland der viertgrößte Pkw-Bauer der Welt. Erfolgreich sind aber auch Maschinenbau-Unternehmen, die etwa Pumpen, Turbinen und **Motoren** herstellen, die Elektroindustrie und die Luft- und Raumfahrttechnik. Insgesamt ist Deutschland die größte Volkswirtschaft Europas, die viertgrößte der Erde und damit sehr wohlhabend. Doch der **Reichtum** ist oft ungleich verteilt: Tausende Menschen verdienen trotz Arbeit so wenig, dass sie mit dem Geld kaum über die Runden kommen.

GEOlino extra Foto: Kristoffer Finn/laif

Menschen

Stadt statt Land

Mögen die Berge noch so spektakulär, die Unternehmen noch so erfolgreich sein: Eigentlich sind es die Menschen, die unser **Land** ausmachen. Mit 82,8 Millionen Einwohnern ist Deutschland der bevölkerungsreichste Staat Europas. Würden sich alle Bürger an der Hand fassen und eine **Kette** bilden, würde diese zweimal um die Erde reichen. Mehr als drei Viertel aller Deutschen wohnen in Städten und genießen die Vorzüge, die der Alltag dort mit sich bringt: Sie besuchen Geschäfte und Cafés, gehen ins Kino oder – wie hier in Cottbus (Foto) – auf **Volksfeste**. Rund ein Viertel aller Deutschen hat einen Migrationshintergrund, also Wurzeln in einem anderen Land. Viele Menschen zieht es hierher, weil Deutschland im Vergleich zu den meisten anderen Staaten reich, demokratisch und sicher ist.

START-BLOCK

Die wichtigsten Fakten vorweg

DEUTSCHLAND

Text: ***Verena Linde***

GEOlino extra Foto: Rainer Weisflog (l.); Illustration: Amin Huschi/GEOlino extra unter Verwendung von shutterstock (r.)

ÜBERBLICK

STECKBRIEF:

Bundesrepublik Deutschland

Gründungsjahr: 1949
Fläche: 357 578 Quadratkilometer
Hauptstadt: Berlin
Staatsoberhaupt: Bundespräsident
Regierungschef: Bundeskanzler
Nationalfeiertag: 3. Oktober, Tag der Deutschen Einheit
Einwohner: 82,8 Millionen
Davon Kinder: 10,8 Mio.

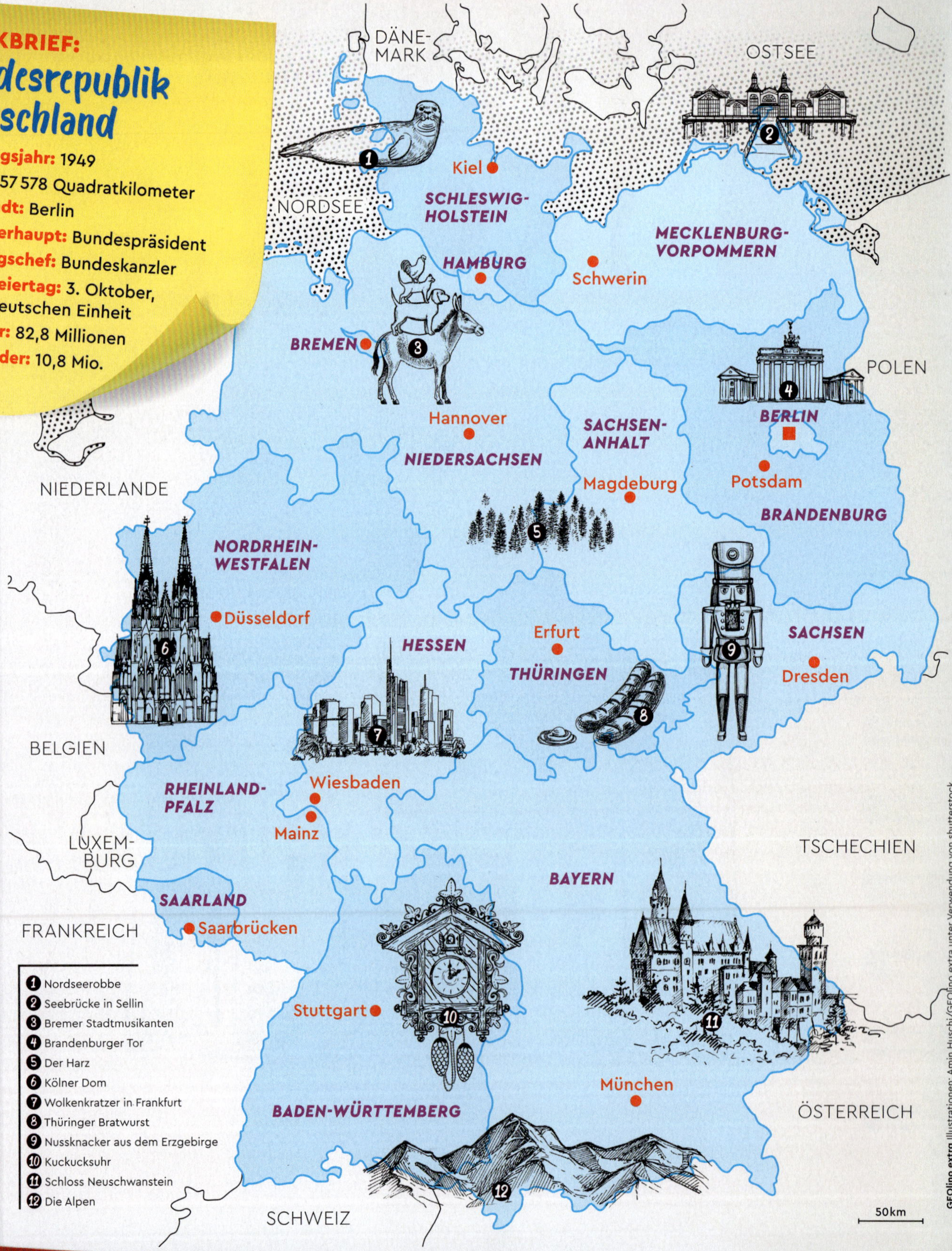

Das sind wir

Wir Deutschen, das sind 82,8 Millionen Menschen. In keinem anderen Land Europas sind mehr Männer, Frauen und Kinder zu Hause. Deutschland liegt im Herzen Europas, ist 876 Kilometer lang und 640 Kilometer breit. Wir haben viele direkte Nachbarn: Im Norden Dänemark, im Osten Polen und Tschechien, im Süden Österreich und die Schweiz und im Westen Frankreich, Luxemburg, Belgien und die Niederlande. Autobahnen mit einer Länge von insgesamt 13 009 Kilometern führen quer durchs Land, zu 11 054 Gemeinden, 2061 Städten (darunter die Millionenstädte Berlin, München, Hamburg und Köln) und durch 16 Bundesländer.

So alt sind die Deutschen

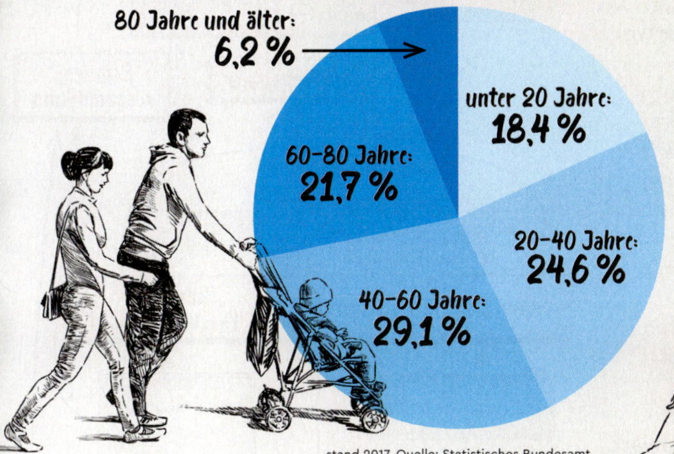

stand 2017, Quelle: Statistisches Bundesamt

So vielfältig ist die Bevölkerung

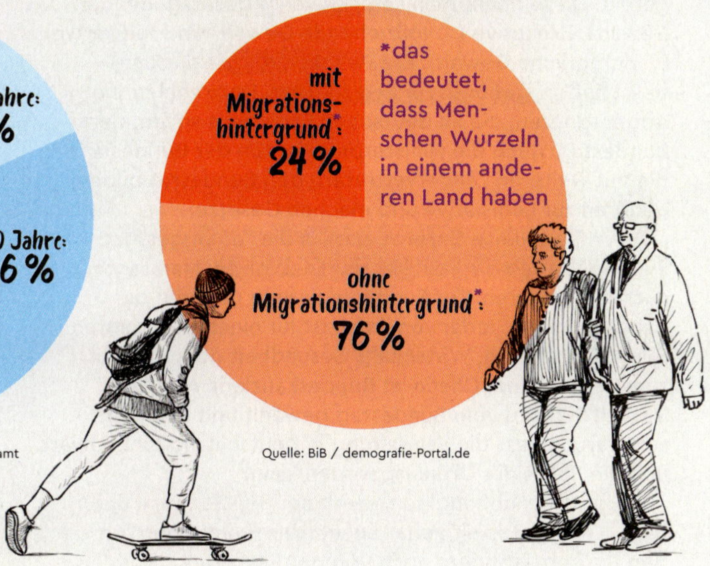

Quelle: BiB / demografie-Portal.de

Ein Land aus 16 Ländern

Deutschland besteht aus 16 Bundesländern. Jedes Bundesland hat eine Hauptstadt und eine Regierung mit einem Regierungschef, dem Ministerpräsidenten, und einem Parlament, dem Landtag. Viele Entscheidungen, von denen ihr betroffen seid, fallen hier – etwa, ob ihr schon nach zwölf Schuljahren Abitur machen könnt oder erst nach 13. Entscheidungen, die das ganze Land betreffen, fällt dagegen die Bundeskanzlerin Angela Merkel gemeinsam mit der Bundesregierung und dem Parlament, dem Bundestag, in Berlin. Sie vertritt Deutschland auch nach außen und spricht mit den Chefs anderer Staaten. Was die Bundesregierung und was die Landesregierungen bestimmen dürfen, steht in unserer Verfassung, dem Grundgesetz. Das haben sich kluge Köpfe bei der Gründung der Bundesrepublik Deutschland im Jahr 1949 ausgedacht. Herausgekommen ist ein ausgeklügeltes politisches System, bei dem niemand die ganze Macht für sich allein hat: Das System der Gewaltenteilung soll verhindern, dass eine Diktatur entsteht.

Deutsche Nationalhymne

Musik: Joseph Haydn
Text: August Heinrich Hoffmann von Fallersleben

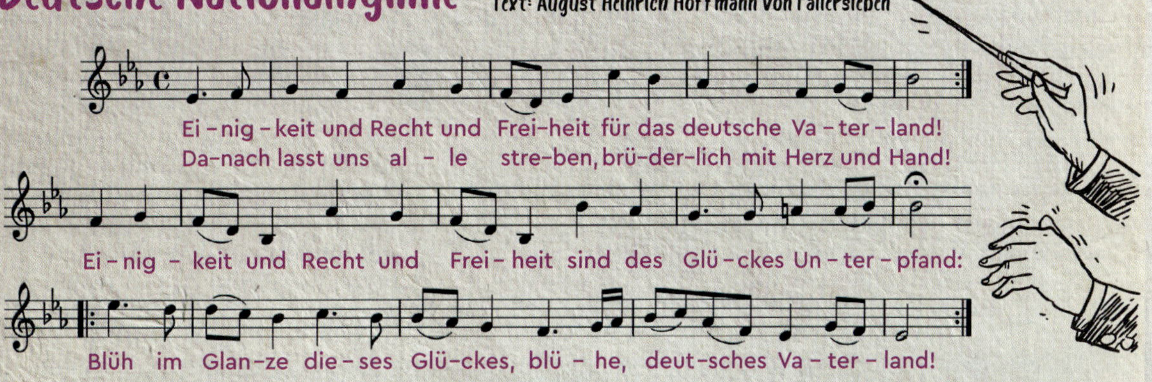

DAS POLITISCHE SYSTEM

Gewaltenteilung – wer darf was?

Damit niemand über die gesamte Macht verfügt und allein über das Land herrschen kann, ist sie in drei Bereiche geteilt. Diese nennt man Legislative (■ gesetzgebende Gewalt), Exekutive (■ vollziehende Gewalt) und Judikative (■ richterliche Gewalt). Die Politiker, die die Gesetze beschließen, gehören zur Legislativen. Dazu zählen die Abgeordneten, die im deutschen Parlament sitzen, dem Bundestag. Auch die Ministerpräsidenten der Bundesländer, die mit weiteren Ländervertretern den Bundesrat bilden, gehören zur Legislative und machen Gesetze.

Dafür, dass diese Gesetze auch in die Tat umgesetzt werden, sorgen die Politiker der Exekutiven. Man sagt auch: Sie regieren. Zur Bundesregierung gehören die Bundesminister. Jeder von ihnen ist für einen bestimmten Bereich zuständig, Wirtschaft, Gesundheit oder Verkehr zum Beispiel. Ihre Chefin ist Bundeskanzlerin Angela Merkel. Sie wird vom Bundestag gewählt und kümmert sich darum, dass die Verwaltung in Deutschland funktioniert und die Polizei für Ordnung sorgen kann.

Als dritte unabhängige Gewalt sorgen Gerichte dafür, dass die Gesetze eingehalten werden – nicht nur von den Bürgern, sondern auch von der Regierung. Das oberste der Gerichte heißt Bundesverfassungsgericht und wird von Bundestag und Bundesrat gewählt. Diese dritte Gewalt heißt Judikative.

Alle Menschen, die als Politiker in deutschen Parlamenten sitzen, sind von den Bürgern gewählt. Sie wählen zum einen die Abgeordneten des Landtages in ihrem Heimatbundesland und zum anderen die Abgeordneten des Bundestages in Berlin. Diese Abgeordneten wiederum wählen im Land- oder Bundestag die Regierungschefs und die Richter am Bundesverfassungsgericht. In der Bundesversammlung wählen sie den Bundespräsidenten (siehe Grafik rechts).

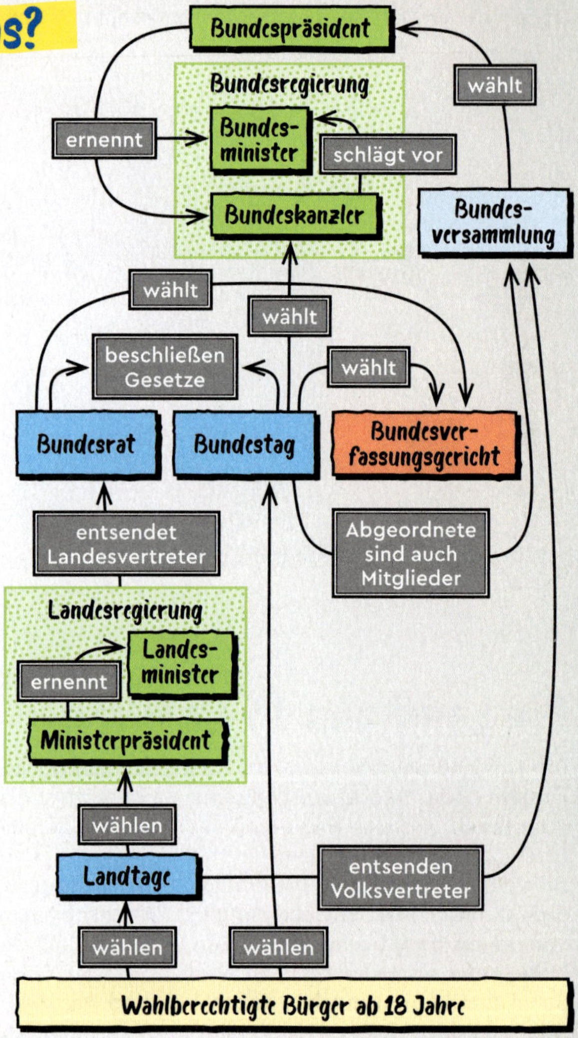

Die Qual der Wahl

Deutschland ist eine repräsentative Demokratie, das bedeutet, dass das Volk die Macht hat – indem die Bürger ihre Politiker wählen. Alle deutschen Männer und Frauen, die in der Regel mindestens 18 Jahre alt sind, dürfen mitbestimmen, wer das Land regieren soll. Gewählt werden Personen und Parteien. Diese sagen vor der Wahl, welche Pläne sie haben, damit die Wähler wissen, warum sie ihnen ihre Stimme geben sollen. Wahlen finden regelmäßig statt. Sie sind frei und geheim, das heißt, man darf frei entscheiden, wen man wählt – und zwar unbeobachtet in einer Wahlkabine. Es gibt vier verschiedene Wahlen: erstens die Bundestagswahl, bei der alle vier Jahre das Parlament in Berlin gewählt wird. Zweitens die Landtagswahlen, bei denen die Parlamente der Bundesländer bestimmt werden. Dazu kommen drittens die Kommunalwahlen, bei denen Gemeinderäte, Stadträte und Kreistage gewählt werden. Und viertens dürfen alle Wahlberechtigten auch bei den Europawahlen ihre Stimme abgeben und über die Zusammensetzung des Parlaments der Europäischen Union (EU) entscheiden.

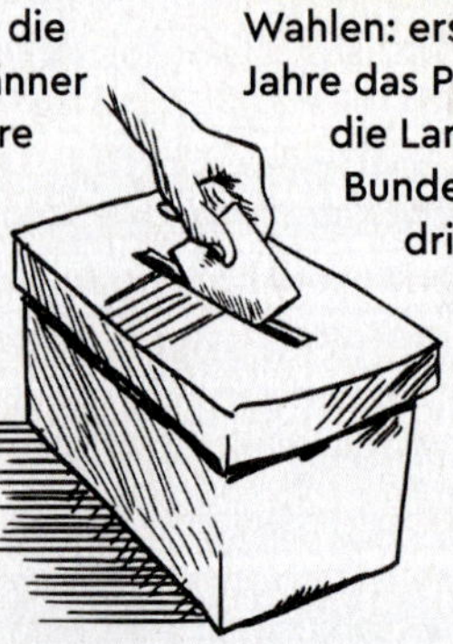

Seit dem Jahr 2005 ist Angela Merkel die deutsche **Bundeskanzlerin** und damit die Regierungschefin. Sie bestimmt, welche Politik gemacht wird, und trägt dafür die Verantwortung. Wenn sie allerdings Gesetze ändern möchte, braucht sie dafür die Zustimmung des Bundesrates und des Parlaments, also des Bundestages.

Frank-Walter Steinmeier ist seit dem Jahr 2017 der **Bundespräsident** und somit das Staatsoberhaupt Deutschlands. Trotzdem regiert er nicht mit, sondern vertritt Deutschland symbolisch, zum Beispiel bei Staatsbesuchen in anderen Ländern. In Reden spricht er Probleme an und gibt Politikern und Bürgern Anregungen, um welche Themen sie sich kümmern sollten.

Parteien – für jeden was dabei

Der Bundestag, unser Parlament, wurde zuletzt im Jahr 2017 gewählt. Seitdem sitzen die Vertreter folgender Parteien darin: der CDU, der SPD, der AfD, der FDP, der Linken und der Grünen. Das sind die bekanntesten Parteien. Es gibt aber sehr viel mehr. Bei der Bundestagswahl 2017 traten 42 Parteien an. Doch nur jene Parteien, die mindestens fünf Prozent aller Stimmen bekommen, ziehen in den Bundestag ein. Das nennt man auch: Fünf-Prozent-Hürde.

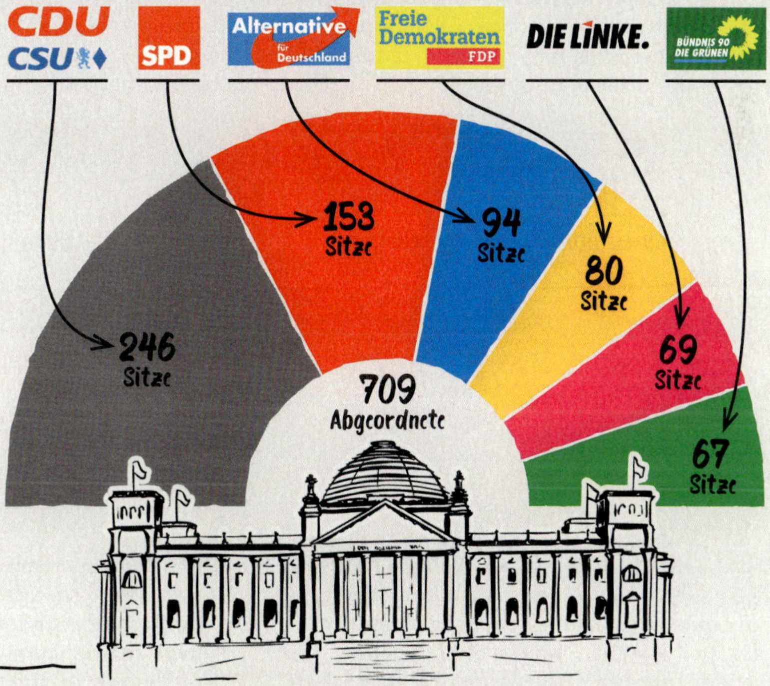

Staat und Steuern

Damit der deutsche Staat funktioniert, braucht es – neben den drei Gewalten – auch Rathäuser, Autobahnen, Schulen, etliche Krankenhäuser und Unternehmen wie Stadtreinigungen. Hinzu kommen Lehrer, Polizisten und Angestellte in der Verwaltung, die uns zum Beispiel einen neuen Pass ausstellen. Um sie und all die Straßen, Einrichtungen und Gebäude zu bezahlen, gibt jeder von seinem eigenen Geld etwas an den Staat – in Form von Steuern. Sogar ihr tut das, obwohl ihr noch nicht arbeiten geht und damit auch kein Gehalt verdient: Immer, wenn ihr etwa einen Schokoriegel, ein GEOlino-Heft oder eine Jeans kauft, bezahlt ihr die sogenannte Umsatzsteuer. Für sie muss der Ladenbesitzer bis zu 19 Prozent auf den Preis jedes Artikels draufschlagen, die dann an den Staat gehen. Insgesamt nahm Deutschland im Jahr 2017 rund 675 Milliarden Euro durch Steuern ein.

UNSERE RECHTE

Im Grunde gut geregelt

Die deutsche Verfassung heißt Grundgesetz. Darin steht, nach welchen Regeln wir Deutschen leben wollen. Die ersten 19 Artikel des Grundgesetzes sind die Grundrechte, sie dienen unserem Schutz. Der erste Artikel lautet: „Die Würde des Menschen ist unantastbar. Sie zu achten und zu schützen ist Verpflichtung aller staatlichen Gewalt". Die Grundrechte garantieren uns zum Beispiel, dass für alle Menschen dieselben Regeln gelten, egal woher sie kommen und welche Sprache sie sprechen, ob sie Männer sind oder Frauen. Neben der Gleichberechtigung zählt auch die Meinungsfreiheit zu den Grundrechten und damit die Möglichkeit, die Regierung zu kritisieren. In einigen anderen Ländern wird das tatsächlich bestraft. Weiterhin erlauben die Grundrechte Glaubensfreiheit. So kann man an Jesus, an Mohammed oder an das fliegende Spaghetti-Monster glauben, ohne dass jemand einen dafür benachteiligen darf. Dazu wird uns das Recht auf Achtung des Eigentums garantiert. Was wir besitzen, darf uns niemand einfach wegnehmen, auch nicht der Staat. Des Weiteren herrscht Versammlungsfreiheit: Wir dürfen als Gruppe für oder gegen etwas demonstrieren.

STAATSBÜRGERSCHAFT

Wer ist Deutscher?

Deutsch ist man von Geburt an, wenn mindestens ein Elternteil die deutsche Staatsbürgerschaft besitzt – ganz gleich, in welchem Land der Erde man zur Welt kommt. Sind die Eltern keine deutschen Staatsbürger, Vater oder Mutter leben aber seit mindestens acht Jahren legal auf deutschem Boden und ihr Kind wird hier geboren, bekommt es auch die deutsche Staatsbürgerschaft. Wer diese besitzt, hat das Recht zu wählen und kann so mitbestimmen, was im Land passiert. Außerdem ist er frei, in alle Länder der EU zu reisen. Schließlich sind alle deutschen Staatsbürger automatisch Bürger der EU. Aber die Staatsbürgerschaft bringt auch Pflichten mit sich: Unter Umständen müssen Bürger Dienst als Wahlhelfer oder Laienrichter leisten.

Wie wird man Deutscher?

In den vergangenen Jahren sind mehr als eine Million Menschen aus Kriegs- oder Krisengebieten nach Deutschland geflohen. Wer will, kann eingebürgert werden und somit die deutsche Staatsbürgerschaft bekommen. Dafür muss man aber einiges tun:

1. Man muss seit mindestens acht Jahren legal in Deutschland leben
2. Man muss sich seinen Lebensunterhalt selbst verdienen
3. Man muss gut genug Deutsch sprechen können
4. Man ist nicht wegen einer Straftat verurteilt worden
5. Man bekennt sich zu den Regeln des Grundgesetzes
6. Man gibt seine alte Staatsangehörigkeit auf

Um zu zeigen, dass man ausreichend Deutsch spricht und die Lebensweise und Werte des Landes kennt, muss man außerdem eine Sprachprüfung und einen Einbürgerungstest bestehen (siehe rechte Seite).

GEOlino extra Illustrationen: Amin Huschi/GEOlino extra unter Verwendung von shutterstock

Hättet ihr es gewusst?

Fünf Fragen aus dem Einbürgerungstest

1. Frage

In Deutschland dürfen Menschen offen etwas gegen die Regierung sagen, weil …

- A … hier Religionsfreiheit gilt
- B … die Menschen Steuern zahlen
- C … die Menschen das Wahlrecht haben
- D … hier Meinungsfreiheit gilt

2. Frage

In Deutschland können Eltern bis zum 14. Lebensjahr ihres Kindes entscheiden, ob es in der Schule am …

- A … Geschichtsunterricht teilnimmt
- B … Religionsunterricht teilnimmt
- C … Politikunterricht teilnimmt
- D … Sprachunterricht teilnimmt

3. Frage

Wahlen in Deutschland sind frei. Was bedeutet das?

- A Man darf Geld annehmen, wenn man dafür einen bestimmten Kandidaten wählt
- B Nur Personen, die noch nie im Gefängnis waren, dürfen wählen
- C Der Wähler darf bei einer Wahl weder beeinflusst noch zu einer bestimmten Stimmabgabe gezwungen werden und keine Nachteile durch die Wahl haben
- D Alle wahlberechtigten Personen müssen wählen

4. Frage

Was steht NICHT im Grundgesetz?

- A Die Würde des Menschen ist unantastbar
- B Alle sollen gleich viel Geld haben
- C Jeder Mensch darf seine Meinung sagen
- D Alle sind vor dem Gesetz gleich

5. Frage

Welches Grundrecht gilt in Deutschland nur für Ausländer? Das Grundrecht auf …

- A … Schutz der Familie
- B … Menschenwürde
- C … Asyl
- D … Meinungsfreiheit

Auflösung: 1D, 2B, 3C, 4B, 5C

MULTI-KULTI-KOSMOS EICHE

Die Eiche gilt als »deutscher Baum«. Deshalb wird auf Ein-, Zwei- und Fünf-Cent-Münzen hierzulande Eichenlaub geprägt. Gleiches gilt für viele Orden. Vor allem dank seines harten Holzes steht dieser Baum für Standhaftigkeit und Beständigkeit. Doch ganz egal, wo Eichen wurzeln: Es sind riesige ***Wohngemeinschaften*** *für wohl Tausende Arten. Grund genug, einmal ganz nah heranzuzoomen*

Text: ***Barbara Lich***
Fotos: ***Solvin Zankl***

Hirschkäfer-Herren versuchen, mit ihrem Oberkiefer zu beeindrucken: der Geweihzange! Damit können sie nicht beißen oder kauen – aber beim Käferkampfsport Konkurrenten vom Ast hebeln

Diese nächtliche **Prozessionsspinner-Prozession** ist buchstäblich auf dem Holzweg – um an die Blätter des Baumes zu gelangen

Nicht schlecht, Herr Specht! **Buntspechte** leben gern in und an alten Bäumen. Unter der Borke finden sie Nahrung, in den Nisthöhlen warten die Jungvögel auf Futter

Wenn sie genügend Blattsalat futtert, wird auch aus dieser Raupe ein Schmetterling – der **Gepunktete Eichen-Gürtelpuppenspanner**

GEOlino extra Fotos: Solvin Zankl; shutterstock (l. o.)

Noch so ein Stammgast: Der **Waldkauz**, ein Nachtschwärmer, gönnt sich tagsüber gern eine Auszeit in der Baumhöhle. Übrigens, Kauzpärchen sind einander ein Leben lang treu. Sie trennen sich nach jeder Brut, rufen und raufen sich zur Herbstbalz aber wieder zusammen

Die **Zwergfledermaus** ist bei ihrer Geburt gerade mal so groß wie eine Hummel. Und auch wenn sie dann noch auf rund 4,5 Zentimeter heranwächst: Im Totholz von Eichen findet sie selbst in schmalen Spalten Platz

Baumelt am Baum oder bedeckt das Geäst: Moose und **Flechten** wachsen häufig auf Eichenrinde

Ganz und gar am Boden ist die **Erdkröte**. Denn auf den oft bemoosten Wurzeln der Eiche jagt sie nach Asseln, Würmern, Spinnen und Schnecken

Ach, du dickes Ding! Der **Umfang** des Stammes dieser wuchtigen Eiche beträgt zwölf Meter! Experten schätzen das Alter des Baumes auf rund 600 Jahre

»WAS DA ALLES LOS IST!«

*Naturfotograf **Solvin Zankl** umrundete zwei Jahre lang Eichenstämme und kletterte hinauf in die Kronen. Im Multi-Kulti-Kosmos der Bäume war er nie allein …*

GEOlino extra: Wie kommt man auf die Idee, ausgerechnet Eichen zu fotografieren?

Solvin Zankl: Ich war für ein anderes Projekt in Thüringen unterwegs und machte Pause: am Waldrand, unter einer Eiche. Direkt am Stamm wuchsen einige junge Triebe, und auf einem der Blätter sah ich einen Eichenblattroller sitzen. Plötzlich merkte ich: Der Käfer hat eine Mission. Er knabberte ein Blatt an, wartete, bis es etwas welk war, rollte es und legte ein Ei hinein. Welch ein genialer Faltplan! So kam ich auf die Idee, Rüsselkäfer, zu denen die Eichenblattroller zählen, zu fotografieren. Dafür war ich viel auf Eichen unterwegs – und merkte plötzlich, was da alles los ist! Eichen sind die Bäume mit der zweithöchsten Artenvielfalt in Deutschland. Nur auf einer Weide finden sich noch mehr unterschiedliche Tiere, Pflanzen und Pilze.

Wie ging es weiter?

Ich habe mir rund zwei Jahre Zeit genommen und Eichen in Deutschland, aber auch in England und Schweden fotografiert – Hunderte Jahre alte Bäume ebenso wie junge Eichen. Manchmal sah ich zunächst nichts. Dann entdeckte ich ein angefressenes Blatt. Und noch eines. Und noch eines. Da war mir klar: Hier muss irgendwo ein Tier sein!

Was war das Faszinierendste bei der Arbeit?

Es gab viele besondere Momente. Die Hirschkäfer gehören sicher dazu. Erst hörte ich es surren. Dann sah ich einen Hirschkäfer fliegen und folgte ihm. Schließlich war er auf Partnersuche – und führte mich damit zu seinen Artgenossen.

War es leicht, die Tiere vor die Kamera zu bekommen?

Der Eichelhäher hat es mir schwer gemacht! Den wollte ich beim Sammeln der Früchte im Herbst ablichten. Eichelhäher sind unheimlich schlau und haben mich in meinem Versteck oft entdeckt. Spannend war aber: Vögel, die am Boden Abstand halten, waren viel weniger scheu, wenn ich bis in die Baumkronen geklettert bin und sie dort beobachtet habe!

Ab Spätsommer kann der **Eichelhäher** den Schnabel nicht voll genug bekommen. Dann sammelt er täglich bis zu elf Stunden Eicheln, um sie in Bodenverstecken für den Winter einzulagern

Einmal auftanken, bitte! Der **Gewöhnliche Eichelbohrer** saugt mit seinem langen Rüssel flüssige Fette aus den Früchten

Das **Eichhörnchen** heißt Eichhörnchen, weil es eben ein Hörnchen ist, das auf Eichen herumturnt. Seine kugeligen Kobel, die Nester, baut es zwischen Astgabeln oder in Baumhöhlen

SO WILL ES DER BRAUCH

Die Menschen in Deutschland feiern oft auf eigenartige Weise: Sie schlüpfen in seltsame Verkleidungen, ziehen johlend durch die Straßen oder führen verrückte Tänze auf. Ein paar Beispiele gefällig? Könnt ihr haben!

Text: **Catharina Meybohm**

KRAMPUS

Der böse Begleiter vom Nikolaus

Im Süden Bayerns geht vielerorts Anfang Dezember nicht nur der Nikolaus um, sondern auch dessen teuflischer Begleiter: der Krampus. Das **Monster** mit den spitzen Hörnern, der grimmigen Fratze und den Reißzähnen jagt jedem einen Schrecken ein, der ihm begegnet. Das war ursprünglich der Zweck dieses Brauches: Unartigen Kindern sollte der Fiesling eine Lektion erteilen. Heute schlüpfen oft junge Männer in das Krampus-Kostüm – auch diejenigen, die sich früher als Kinder selbst gefürchtet haben.

Verbreitung: südliches Deutschland sowie in anderen Ländern entlang der östlichen Alpen

RUMMELPOTT-LAUFEN

Lärmend ins neue Jahr

Zum Jahresausklang brummt es in Norddeutschland: Beim Rummelpottlaufen ziehen Kinder an **Silvester** vermutlich seit dem 17. Jahrhundert verkleidet von Tür zu Tür, singen ein Ständchen und erbetteln sich so etwas Süßes. Einen Rummelpott von früher, also ein brummendes, trommelähnliches Musikinstrument mit einem Stock in der Mitte, sieht und hört man heute nur noch selten. Doch nach wie vor singen Kinder plattdeutsche Lieder und wünschen „Prost Niejohr", ein frohes neues Jahr.

Verbreitung: Schleswig-Holstein, Hamburg, Niedersachsen

KINDERTAG

Ein Fest nur für euch

Dass es einen Muttertag gibt, weiß jedes Kind. Aber fragt mal eure Mutter, ob sie den Kindertag kennt! Vermutlich nur, wenn sie aus Ostdeutschland stammt. Dort wird seit 1950 der „Internationale Kindertag" groß gefeiert – mit Kinderfesten, Geschenken und schulfrei! Inzwischen findet auch im Westen ein Kindertag statt, meist am 20. September, dem „Weltkindertag", der überall an die **Kinderrechte** erinnern soll.

Verbreitung: deutschlandweit, aber auch in anderen Ländern. In Thüringen soll der 20. September ab diesem Jahr ein gesetzlicher Feiertag werden

KARNEVAL

Narren in Uniform

Ob Karneval, Fastnacht oder Fasching: In vielen katholisch geprägten Gegenden haben vom 11. November bis Aschermittwoch die Narren das Sagen. Bei dem bunten Treiben darf selbst über ernste Themen gelacht werden. Im 19. Jahrhundert bildeten sich in Köln die ersten Karnevalsvereine. Weil sich deren Mitglieder über das **Militär** lustig machten, tragen viele Narren bis heute Uniformen. Die Figur des Funkenmariechen geht auf die Frauen zurück, die im Dreißigjährigen Krieg Soldaten mit Waren versorgten. Zunächst gab es ausschließlich männliche Mariechen, bis 1936 die Nationalsozialisten festlegten, dass nur Frauen in Kleidern tanzen dürfen.

Verbreitung: deutschlandweit, aber auch in anderen Ländern. Als deutsche Hochburgen gelten Köln, Düsseldorf und Mainz

MAIBAUM

Grüner Frühlingsbote

Um den 1. Mai ranken sich in Deutschland viele Bräuche. So gibt es auch die Feier rund um den Maibaum in verschiedenen Varianten. Die einen tanzen in der Dorfmitte um einen geschmückten Stamm. Andere stellen eine mit Kreppband verzierte Birke als Liebesbeweis vor das Haus ihrer Angebeteten. Um Frühlingsgefühle geht es bei diesem Brauch immer: Der Baum symbolisiert die **Fruchtbarkeit** der Natur, die in der Nacht vom 30. April, der Walpurgisnacht, zu den Menschen gebracht wird.

Verbreitung: vor allem in Baden-Württemberg, Bayern, Nordrhein-Westfalen, Rheinland-Pfalz und im Saarland

GEOlino extra Fotos: Gesche Cordes (l.u.l.); Carmen Jaspersen/dpa (r.u.); shutterstock (6)

STECKENPFERDREITEN

Im Galopp zum Rathaus

Immer am 25. Oktober satteln Hunderte Viertklässler ihre Steckenpferde und reiten damit zum Rathaus der niedersächsischen Stadt Osnabrück. Mit dem Umzug wird an den 1648 geschlossenen **Frieden** erinnert, der dort verkündet wurde und den Dreißigjährigen Krieg beendete. Im Jahr 1948 wurde das Kriegsende erstmals mit dem Steckenpferdritt gefeiert.

Verbreitung: Osnabrück

SCHULTÜTE

Die hat's in sich

Die **Einschulung** wird Mädchen und Jungen hierzulande seit mehr als 100 Jahren versüßt: mit Lutschern, Bonbons, Schokolade und anderen kleinen Geschenken, die in einer Schultüte stecken. Erfunden wurde die spitz zulaufende Tüte, mancherorts auch Zuckertüte genannt, im 19. Jahrhundert wohl in Thüringen und Sachsen. Von dort verbreitete sie sich in ganz Deutschland. In den meisten anderen Ländern ist diese süße Tradition unbekannt.

Verbreitung: deutschlandweit, auch in Teilen Österreichs und Tscheschiens bekannt

Erlebte Geschichte

Dieses Jahr feiert die Bundesrepublik Deutschland ihren ***70. Geburtstag*** *– genau wie rund eine Million ihrer Einwohner. Der Berliner Jens-Jürgen Saurin ist einer von ihnen und hat die Geschichte des Landes von Beginn an miterlebt. Wir haben ihn zum Interview getroffen*

Text: ***Annika Sartor***

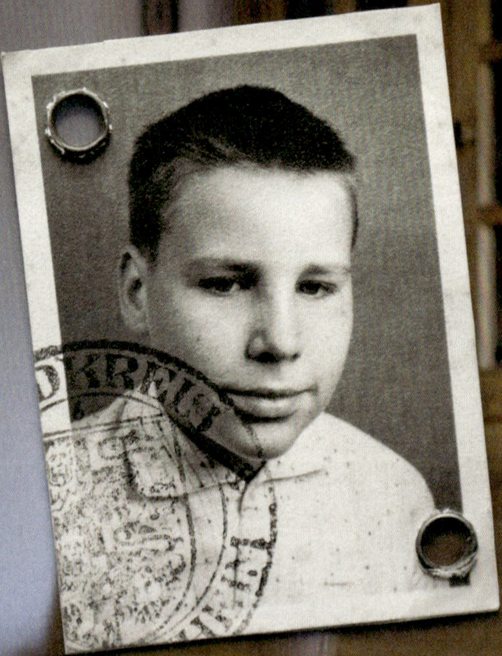

Blick zurück: Der Berliner Jens-Jürgen Saurin blättert in seinem **Fotoalbum**. Dieses Jahr wird er 70 Jahre alt. Das Bild oben zeigt ihn als elfjährigen Jungen

1949

Auf deutschem Boden entstehen zwei getrennte **Staaten**, die BRD und die DDR. Auch die Stadt Berlin ist geteilt (Karte links). Konrad Adenauer (oben) unterschreibt am 23. Mai das **Grundgesetz** für die BRD. Wenig später wird er zum ersten Kanzler gewählt

1950er

Mit der Deutschen Mark als Währung geht es in der Bundesrepublik bergauf. Fabriken und Wohnungen werden gebaut, **Ladenregale** füllen sich – so wie bei diesem Händler in Bonn 1956

Ein Reihenhaus im Berliner Stadtteil Neukölln. Hier wohnt Jens-Jürgen Saurin: schlank, weißes Haar, Erzählerstimme. Im Wohnzimmer hat er die alten Fotoalben bereitgelegt. 70 Jahre Erinnerungen stecken darin. In dieser langen Zeit hat Jens-Jürgen Saurin als Lehrer gearbeitet, eine Schule geleitet und gemeinsam mit seiner Frau zwei Kinder großgezogen. Doch auch was um ihn herum in Deutschland geschah, hat sein Leben geprägt.

GEOlino extra: Herr Saurin, wen gab es denn zuerst – Sie oder unser Land?

Jens-Jürgen Saurin: Die Bundesrepublik Deutschland ist älter als ich, aber nur ein bisschen. Sie wurde am 23. Mai 1949 gegründet, und ich bin am 14. Juli geboren, nicht mal zwei Monate später.

1940er Deutschland verliert 1945 den Zweiten Weltkrieg, die Gewinner teilen das Gebiet unter sich auf. Doch schon bald streiten sie darüber, wie ein neuer deutscher Staat aussehen soll. Weil sich die drei Westmächte USA, Großbritannien und Frankreich nicht mit der Sowjetunion – dem Vorgängerstaat des heutigen Russland – einigen können, entstehen 1949 zwei deutsche Staaten: im Westen die Bundesrepublik Deutschland (BRD), im Osten die Deutsche Demokratische Republik (DDR). Jens-Jürgen Saurin wächst im Westen auf. Sein Heimatort: Seesen am Harz.

Wie war es für Sie, in der Nachkriegszeit Kind zu sein?

Armut spielte eine große Rolle. Ich und meine Eltern lebten in einem einzigen kleinen Zimmer. Bis ich elf Jahre alt war, habe ich mit meiner Mutter in einem Bett geschlafen. Sie hat in einer Fabrik gearbeitet, verließ morgens um sieben Uhr das Haus und kam erst am Abend wieder. Ich war viel allein.

Wo war Ihr Vater?

Auf ihn konnte ich mich nicht verlassen. Er hatte Alkoholprobleme, wohl eine Folge des Krieges: Nachdem die Kämpfe zu Ende waren, hatten britische Soldaten ihn ein ▸

GEOlino extra Fotos: Gordon Welters für GEOlino extra (l.); ullstein bild (r. o. l.); J.H.Darchinger/Friedrich Ebert-Stiftung (r. o. r.); shutterstock (Hintergrund und Beiwerk)

1961

»Niemand hat die Absicht, eine Mauer zu errichten«, verspricht der Staatschef der DDR, Walter Ulbricht, noch im Juni 1961. Eine Lüge! Denn genau das tun Soldaten zwei Monate später in **Berlin** (Foto). An der gesamten deutsch-deutschen Grenze entstehen Grenzzäune und Wachtürme

1968

Massenbewegung: In den 1960er-Jahren kritisieren junge Bürger auf **Demonstrationen** die Politik der BRD, etwa das enge Verhältnis zu den USA, die in Vietnam Krieg führen. Im Jahr 1968 sind die Proteste besonders heftig

Jahr lang gefangen gehalten. Das muss eine harte Zeit gewesen sein.

1950er Für die meisten Bürger der Bundesrepublik geht es nach dem Krieg langsam bergauf. Kurz zuvor wurde eine neue Währung eingeführt: die Deutsche Mark. Fabriken entstehen, und mit ihnen neue Produkte und Arbeitsplätze. Viele Leute können sich nun ein Auto, einen Fernseher oder einen Urlaub leisten. Das ganze Land freut sich über dieses Wirtschaftswunder.

Ging es in diesen Jahren auch Ihrer Familie besser?

Ich habe das eher bei meinem Onkel als an meinen Eltern gesehen. Er hatte sich ein Häuschen erarbeitet, für 30 000 Mark, mit einem Gärtchen drum herum. Außerdem hat er sich als Erster in der Familie ein Auto gekauft.

Die Grenze zwischen der Bundesrepublik Deutschland und der DDR verlief mitten durch den Harz. Wie weit war sie von Ihrer Haustür entfernt?

Ich schätze mal 20 Kilometer. Aber die DDR war für mich ein fernes Land, so richtig begriffen habe ich das nicht. Ich kann mich nicht mal daran erinnern, wie die Grenze ausgesehen hat. Wir konnten sie in den 1950er-Jahren jedenfalls noch relativ leicht überqueren.

1960er Doch in der DDR geht es anders zu. Dort gibt es keine freien Wahlen – stattdessen eine Partei, die alles bestimmt, die Menschen unterdrückt und überwacht: die Sozialistische Einheitspartei Deutschlands (SED). Bis zum Jahr 1961 flüchteten 2,7 Millionen Bürger Richtung Westen. Um zu verhindern, dass dem Land noch mehr Einwohner davonlaufen, haben DDR-Politiker bereits damit begonnen, die Menschen im eigenen Staat einzusperren und die Grenze dicht zu machen. Nur in Berlin ist sie noch offen – bis 1961. Im August wird auch dieses letzte Schlupfloch geschlossen und eine Mauer mitten durch die Stadt gebaut.

Erinnern Sie sich, wie Sie vom Bau der Mauer gehört haben?

Sehr gut sogar: Ich lag nach der Schule zu Hause auf dem Sofa und

GEOlino extra Fotos: akg-images (l., 2); AP/Picture Alliance (r. o. l.); dpa/Picture Alliance (r. o. r.); shutterstock (Hintergrund und Beiwerk)

1989

Jetzt reicht's! Die DDR-Bürger wollen endlich frei sein. Jede Woche versammeln sie sich im Herbst 1989 zu sogenannten **Montagsdemonstrationen**. In Leipzig gehen am 23. Oktober 300 000 Menschen auf die Straße (Foto)

1970er

Die **Terrorgruppe** RAF will den Staat verändern, mit aller Gewalt. Eines ihrer Opfer ist Arbeitgeberpräsident Hanns Martin Schleyer (Foto). Er wird 1977 von der Gruppe entführt und ermordet

habe das Radio angestellt. Es liefen Berichte darüber, dass in Berlin eine Mauer gebaut wird. Als ich mehr erfahren habe, wurde mir klar: Da geschieht großes Unrecht! Da werden Familien und Verwandte getrennt. Trotzdem war das alles für mich weit weg. Das änderte sich erst 1965. Da war ich 16 und zog mit meiner Mutter nach Westberlin.

Mitte der 1960er-Jahre schlägt die Stimmung bei vielen Menschen in der Bundesrepublik um. Vor allem Studenten und andere junge Leute schimpfen über den Staat. Zum Beispiel darüber, dass ihr Land zu sehr auf die mächtigen USA hört, die viel Geld für Atomwaffen ausgeben und ungerechte Kriege führen. Auch in Westberlin gibt es immer wieder heftige Demonstrationen und Unruhen, bei denen sogar Menschen sterben. Im Jahr 1968 erreichen die Massenproteste ihren Höhepunkt.

Sind Sie damals auch mit den jungen Leuten auf die Straße gegangen?

Schon im Jahr davor ging die Post ab. Ich war 18, noch Schüler und habe wahnsinnig viel mit Lehrern und Klassenkameraden über Politik diskutiert. Auf Demonstrationen bin ich auch gegangen: gegen Atomwaffen, gegen den Krieg in Vietnam, für den Frieden. Zeitweise waren Zehntausende Leute auf den Straßen, es ging hoch her. Einmal feuerten Polizisten bei einer Demo Schüsse ab. Ich habe mich hinter einem Auto versteckt, um keine Kugel abzukriegen.

1970er Einigen gehen die Proteste nicht weit genug. Sie wollen den Staat mit Gewalt verändern und gründen im Jahr 1970 eine Terrororganisation, die Rote Armee Fraktion (RAF). Ihre Mitglieder kämpfen gegen alle, die in der Bundesrepublik etwas zu sagen haben. Sie bedrohen, erpressen, entführen oder ermorden Politiker, mächtige Beamte und Wirtschaftsbosse.

Was haben Sie von der RAF mitbekommen?

Die Flugblätter der Gruppe lagen an der Hochschule aus, an der ich studiert habe. Ich habe mich fragen müssen: Was mache ich, wenn ▸

1989

Grenzenlose Freude: Am 9. November 1989 geben die DDR-Politiker nach – und den Weg in den Westen frei. Tags darauf rollen ostdeutsche **Autos** durch Westberlin (rechts). Auch am **Brandenburger Tor** feiern die Menschen den Mauerfall (oben)

2002

Einer für alle: Menschen in zwölf europäischen Ländern zahlen ab dem Jahr 2002 mit einer neuen **Währung**: dem Euro. Firmen können nun leichter Handel treiben, Touristen müssen seltener Geld wechseln

einer von denen vor meiner Tür steht und um Unterschlupf bittet? In meinem Freundeskreis kam das durchaus vor. Für mich war aber klar: Diese Menschen kämpfen mit Waffen gegen den Staat – dafür bin ich nicht zu haben!

Sind Sie während Ihrer Zeit in Westberlin jemals über die Grenze in die DDR gereist?

Ja, einmal im Jahr 1972, in der Nähe von Magdeburg. Ich hatte eigentlich einen positiven Eindruck von der DDR. Dort war zwar vieles schlichter. Aber es gab Kartoffeln und Fleisch zu essen, wir konnten Bier trinken. Die Familie, die ich besuchte, besaß ein Auto. Ich dachte: Das ist doch ganz in Ordnung. Aus den Medien wusste ich natürlich, dass die Menschen unterdrückt werden und nicht frei ihre Meinung sagen dürfen.

1980er Die Probleme in der DDR werden immer größer. Der Staat steht vor der Pleite, Wohnungen verfallen, Nahrungsmittel werden knapp. Die Einwohner haben endgültig genug! Im Herbst 1989 gehen sie in Leipzig, Dresden und Ostberlin auf die Straße, demonstrieren für Freiheit und rufen „Wir sind das Volk!". Am 9. November 1989 geschieht es tatsächlich: Die Regierung der DDR gibt nach, die Mauer in Berlin wird geöffnet.

Wie haben Sie die Nacht des Mauerfalls erlebt?

Ich arbeitete damals als Lehrer und saß mit Kollegen in einer Kneipe im Stadtteil Kreuzberg, keine 50 Meter entfernt von einem Grenzübergang. Als der offen war, strömten uns Menschenmassen entgegen. Nachts klingelten Leute aus dem Osten bei uns an der Wohnungstür, auf der Suche nach Verwandten.

Wie ging es in den nächsten Tagen weiter?

Am Tag darauf wollte ich mit dem Auto zur Arbeit fahren, aber Westberlin war verstopft. Es waren so viele aus dem Osten gekommen! In den Bussen wurde nicht mehr kassiert, in den Supermärkten gab es keine Einkaufswagen mehr. Das werde ich nie vergessen.

2015

Knapp eine Million **Flüchtlinge** suchen im Jahr 2015 in Deutschland Schutz, in Scharen erreichen sie das Land (links). Viele Bürger malen zur **Begrüßung** Schilder und Plakate (links unten). Weil **Kanzlerin** Angela Merkel sich für die Menschen einsetzt, knipsen einige sogar Fotos mit ihr (unten)

1990er und 2000er

Am 3. Oktober 1990 schließt sich die DDR endgültig der Bundesrepublik Deutschland an. Nun sollen Osten und Westen zu einer Einheit zusammenwachsen. Auch mit Ländern in Europa rückt Deutschland enger zusammen: 1993 gründet es mit elf anderen Staaten die Europäische Union (EU). Die Mitglieder wollen untereinander handeln und sich gegenseitig bei Problemen helfen. Ab dem Jahr 2002 teilt die Mehrheit von ihnen sogar eine gemeinsame Währung: den Euro.

Wie war es für Sie, die D-Mark gegen den Euro zu tauschen?
Ich fand das hoch spannend. Das erste Päckchen Euros haben meine Frau und ich mit unseren Kindern abgeholt. Ein paar Münzen der D-Mark habe ich als Andenken aufgehoben. Wenn wir jetzt Urlaub in Frankreich machen, müssen wir kein Geld mehr tauschen und können die Preise besser vergleichen, das ist doch praktisch.

Im Jahr 2005 wurde Angela Merkel von der CDU zur Kanzlerin gewählt, die erste Frau an der Spitze des Landes. Zu ihren größten Herausforderungen wurden eine Finanzkrise im Jahr 2008, in der viele Menschen in Europa ihre Jobs verloren. Und das Jahr 2015, in dem rund eine Million Flüchtlinge nach Deutschland strömten.

Die Flüchtlingswelle im Jahr 2015 war für mich der größere Einschnitt. Ich fand es mutig und richtig, dass Frau Merkel gesagt hat: „Wir schaffen das!" Ich war stolz darauf, dass viele Deutsche die Flüchtlinge freundlich empfangen haben.

Wenn es nach Ihnen ginge: Wie soll Deutschland in 70 Jahren aussehen?
Mir ist wichtig, dass Deutschland vor allem demokratisch und sozial bleibt – ein Land, in dem jeder mitbestimmen kann und in dem alle gleichberechtigt sind. Außerdem wünsche ich mir, dass jeder Zugang zu Bildung bekommt, denn nur damit können wir unser Land gestalten und voranbringen. ■

GEOlino extra Fotos: imago (l. o.); Peter Timm/ullstein bild (l. m.); AP/Picture alliance (r. o. l.); Davids (r. o. m.); Michael Ukas/action pres (r. o. r.)

KOMMT GUT AN

Viktoria

13 Jahre, aus Bulgarien,
seit einem Jahr in Deutschland

»Als ich nach Deutschland gekommen bin, musste ich nicht nur eine neue Sprache lernen, sondern auch, wie man schreibt. In Bulgarien benutzen die Schüler nämlich einen Kugelschreiber, aber hier schreiben alle mit **Füller**. Ganz schön schwierig, die Feder richtig über das Papier gleiten zu lassen, wenn man es nicht gewohnt ist! Für mich war es aber noch aus einem anderen Grund komisch: Ein Füller kostet etwa 15 Euro. So etwas Teures benutzen in Bulgarien meist nur Erwachsene!«

Mariama

12 Jahre, aus Gambia,
seit einem Jahr in Deutschland

»Ob Rumpelstilzchen, Schneewittchen, Frau Holle oder Aschenputtel: Ich kann von deutschen **Märchen** gar nicht genug bekommen. Mir gefallen die Geschichten, aber vor allem die einzigartige Märchensprache. In Gambia sprechen wir Englisch, doch da habe ich längst nicht so viele alte Wörter oder so schöne Reime wie im Deutschen gelesen. Ich mag es, wenn ich den Ausdruck „er vernahm" statt „er hörte" lese oder wenn die Taube bei Aschenputtel sagt: „Rucke di guh". Das klingt schön – und einfach märchenhaft!«

Sie stammen aus verschiedenen Ländern und teilen seit Kurzem dieselbe neue Heimat: Deutschland. Was ist hierzulande anders? Was ist typisch deutsch? Neun Schüler und Schülerinnen einer internationalen Klasse liefern Antworten

Protokolle: **Catharina Meybohm** Fotos: **Melanka Helms**

Mohammad

13 Jahre, aus dem Iran, seit eineinhalb Jahren in Deutschland

»Kartoffeln an sich sind für mich eigentlich nicht typisch deutsch – aber die Art, wie sie hier zubereitet werden! Im Iran schneiden wir die Kartoffeln in kleine Rechtecke und kochen sie in einer Art Eintopf mit vielen Gewürzen. Ein typisches Gericht, zu dem wir Kartoffeln essen, ist zum Beispiel Polo Ba Morgh, Reis mit Hähnchen. In Deutschland werden **Kartoffeln** nur geschält und landen dann in einem Stück im Topf. Und sie schmecken auch anders: kaum nach Salz und eigentlich nur nach Kartoffel.«

Judy

13 Jahre, aus Syrien, seit fast einem Jahr in Deutschland

»Ich bin ein Bücherwurm. Mein deutscher Lieblingsort? Die **Bücherei**. Einfach ausleihen, lesen und zurückbringen – genial! In Syrien habe ich längst nicht so viel gelesen wie hier. Dort musste ich die Bücher immer kaufen. Dank der Bücherei kann ich so viel lesen, wie ich will. Gerade habe ich eine Gespenstergeschichte vor mir. Ich mag aber auch Wissensbücher, über den Körper zum Beispiel. Mir macht es Spaß, neue Dinge zu lernen und zu verstehen. Deshalb lese ich gern in Büchern – viel lieber als im Internet.«

GEOlino extra Illustrationen: shutterstock

Ani

12 Jahre, aus Armenien, seit fast sechs Monaten in Deutschland

»Deutsche Süßigkeiten sind genau nach meinem Geschmack, besonders **Überraschungseier**. Seit ich hier lebe, kaufe ich sie mir oft. Die Schokolade nasche ich gern. Sie schmeckt viel besser als in Armenien. Dort gibt es die Eier nämlich auch – allerdings nicht so viele verschiedene. Und leider sind die Figuren darin keine Überraschung: Ich habe immer nur Minions erwischt! Hier in Deutschland steckt auch mal Spongebob oder Eiskönigin Elsa im Ei.«

Lucas

12 Jahre, aus Venezuela, seit fast acht Monaten in Deutschland

Tsveti

13 Jahre, aus Bulgarien, seit einem Jahr in Deutschland

»Bei meinem ersten Test in Deutschland wollte ich unbedingt die Note 6 bekommen – und bloß keine 2! In Bulgarien ist die 6 nämlich „sehr gut" und die 2 die schlechteste Zensur. Die **Note** 1 gibt es dort gar nicht. Aber auch sonst ist in der Schule vieles anders. In Bulgarien geht es viel strenger zu! Du hast Schulsachen zu Hause vergessen? Dann musst du zurücklaufen und sie holen, selbst wenn du dann zu spät kommst. Im Lieblingspulli zur Schule? Unmöglich, Uniformen sind Pflicht. An deutschen Schulen gefällt es mir besser. Es gibt nicht so viel Ärger – schon gar nicht für eine 2.«

Vlada

12 Jahre, aus der Ukraine, seit einem Jahr in Deutschland

Deutsche Brezeln kannte ich auch schon, als ich noch in der Ukraine gelebt habe. Doch etwas anderes war ganz neu für mich: **Apfelschorle**. In der Ukraine trinkt man entweder Apfelsaft oder Sprudelwasser – aber nie beides gemischt. Bei meinem ersten Schluck Schorle wusste ich nicht, was ich da trinke. Ich hatte einfach nur Apfelsaft erwartet. Mittlerweile nehme ich Apfelschorle öfter mal zur Schule mit oder wenn ich am Wochenende mit Freundinnen spazieren gehe. Trotzdem muss ich sagen: Purer Apfelsaft schmeckt mir genauso gut.

Egal ob mit Ketchup oder ohne – bei mir geht's nur um die Wurst. Ich liebe deutsche **Bratwurst**! In Venezuela habe ich noch keine Wurstbude gesehen. Ein typisches Gericht, das dort an Imbiss-Ständen verkauft wird, nennt sich Arepa. Das sind Maisfladen, zu denen es Fleisch oder Gemüse gibt. Hier in Deutschland gehe ich öfter zur Wurstbude, allein oder mit meiner Familie. Mit Oma und Opa esse ich immer Bratwurst. Sie stammen auch aus Venezuela und sind wie ich auf den Geschmack gekommen.

Shenghao

11 Jahre, aus China, seit fast fünf Monaten in Deutschland

Toben in der großen Pause? Am Nachmittag spielen, malen oder fernsehen? All das kann ich erst machen, seit ich in Deutschland lebe. **Freizeit** gab es für mich in China eigentlich nicht. Pausen dauern dort höchstens zehn Minuten, rennen ist auf dem Schulhof verboten. Wer es trotzdem macht, muss im Unterricht stehen. Es gibt so viele Hausaufgaben, dass man manchmal bis 23 Uhr daran sitzt! Mir ist aufgefallen, dass in Deutschland überall Uhren hängen. Zeit ist hier allen sehr wichtig, zum Glück auch die Freizeit!

TEST

Wie typisch deutsch bist du?

Die Deutschen gelten als pünktlich, korrekt, umweltbewusst. Und sie lieben Tiere – nicht nur als Schnitzel auf dem Teller. Erfüllst auch du all diese ***Klischees****? Finde es heraus!*

1 Du fährst mit deinen Mitschülern auf Klassenfahrt. Ihr wollt euch um 8.15 Uhr am Marktplatz treffen, um 8.30 Uhr ist Abfahrt. Wann trudelst du ein?

A: Um kurz nach halb neun. Das dauert sowieso ewig, bis alle eingestiegen sind.

B: Zwischen 8.15 Uhr und 8.30 Uhr – und hoffe, dass sie nicht ohne mich abfahren.

C: Ich stehe um Punkt 8 Uhr mit gepacktem Koffer bereit und werde unruhig, wenn um 8.13 Uhr noch kein Bus in Sicht ist.

2 Du beobachtest, wie ein Mann an einer einsamen Dorfkreuzung bei Rot über die Ampel geht. Was machst du?

A: Ich schaue noch mal, ob auch wirklich kein Auto kommt, und gehe ihm hinterher.

B: Ich warte natürlich und rege mich tierisch auf. Bei Rot über die Ampel zu gehen ist ein Verstoß gegen Paragraf 37, Absatz 2 der Straßenverkehrsordnung!

C: Wenn er das so machen will – okay. Ich warte trotzdem auf Grün. Sicher ist sicher.

3 Wie lange brauchst du, um deine Schultasche zu packen?

A: Recht lang. Bis ich die Stifte nach Farbe und die Bücher nach Größe sortiert habe, kann es dauern.

B: Alles in den Ranzen zu werfen geht schnell. Nur um später etwas zu finden brauche ich ewig ...

C: Zwei Minuten. Hauptsache, es fliegen keine losen Blätter und Stifte herum.

4 Was denkst du, wenn du dieses Bild siehst?

A: Nichts. Was soll damit sein?

B: Da hat jemand seinen Hund aber lieb, wenn er ihm eine Massage gönnt. Finde ich toll!

C: Was für ein Quatsch! Das Geld sollte man besser für einen guten Zweck spenden.

5 **Wie viele Gerichte mit Kartoffeln fallen dir ein?**

A: Für mehlig oder festkochende? Kartoffel ist ja nicht gleich Kartoffel!

B: Ich hasse Kartoffeln.

C: Pommes, Püree, Pellkartoffeln.

6 **Du stehst am Bahnsteig, wartest auf den Zug und entdeckst eine leere Gummibärchentüte. Neben dir steht nur ein Papiermülleimer. Was nun?**

A: Ich suche die nächste Gelbe Tonne und verpasse den Zug.

B: Ich lasse die Tüte liegen, schließlich habe ich sie nicht dort hingeworfen.

C: Ich werfe sie in den Papierkorb. Hauptsache, sie landet nicht in der Natur.

AUFLÖSUNG

Wie viele Punkte du für deine Antworten bekommst, verrät die Tabelle rechts. Zähle alle Punkte zusammen.

Meine Punktzahl: ______________

Antworten	Fragen	1	2	3	4	5	6
	A	0	0	5	3	5	5
	B	3	5	0	5	0	0
	C	5	3	3	0	3	3

0–13 PUNKTE:

So deutsch wie Schnecken mit Knoblauchbutter

Durchschnittsdeutschen sind deine **Angewohnheiten** bisweilen so fremd wie Schnecken mit Knoblauchbutter. Gut so! Denn du bist entspannter, nimmst die Dinge weniger ernst und gehst sie anders an. Das bringt frischen Wind! Vielleicht probierst du demnächst ja sogar mal etwas typisch Deutsches aus und sortierst deinen Kleiderschrank? Du wirst feststellen: Es ist toll, wenn man seinen Lieblingspulli auf Anhieb findet!

14–21 PUNKTE:

So deutsch wie Spaghetti bolognese

Manche typisch deutschen Eigenarten stecken in dir, aber nicht alle. Um bei dem Essensvergleich zu bleiben: Bei dir kommen neben Kartoffeln auch mal Spaghetti bolognese auf den Tisch. Nur allzu exotisch wird es eben nicht. Und genau deshalb bist du vermutlich am typischsten deutsch. Schließlich ist es doch gerade die bunte **Mischung** aus alten Gewohnheiten und neuen Ideen, die unser Land ausmacht.

22–30 PUNKTE:

So deutsch wie Bratwurst mit Pommes

Das Ergebnis ist ganz nach deinem Geschmack? Immerhin: Bei dir weiß man, woran man ist! Du bist pünktlich, hältst dich an **Regeln** und spülst vermutlich sogar leere Joghurtbecher. Doch damit bist du deutscher als der Durchschnittsdeutsche. Unser Tipp: Mach dich mal locker, probier was Neues. Spaghetti bolognese zum Beispiel oder Schnecken mit Knoblauchbutter.

Trittbrettfahrerin: Einen Tag lang packt **GEOlino-Reporterin** Bernadette bei der Hamburger Stadtreinigung an. Mit höchstens 20 Kilometer pro Stunde rollt das Müllauto durch die Straßen, wenn jemand auf dem Trittbrett steht

REPORTER GEOlino IM EINSATZ

GEBT IHR DEN REST!

Selbstversuch bei der Müllabfuhr

Die Frage: *Haben die Deutschen den Titel »Europameister im Mülltrennen« wirklich verdient?*

Der Auftrag: *GEOlino-Reporterin Bernadette packt einen Tag als Müllfrau mit an, um zu sehen, was mit unserem Müll passiert*

Text: ***Bernadette Schmidt*** Fotos: ***Tobias Eineder & Melanka Helms***

Mein Wecker klingelt morgens um 4:45 Uhr. Es ist noch stockdunkle Nacht vor meinem Fenster, trotzdem quäle ich mich aus dem Bett. Denn heute bin ich Müllfrau!

Deutschland gilt in Sachen Mülltrennung als großes Vorbild. In keinem anderen europäischen Land wird Abfall fleißiger auseinandersortiert. Können wir uns beim Thema Recycling also entspannt zurücklehnen? Oder geht es vielleicht doch noch besser? Der Tag heute soll es zeigen.

875 **Müllmänner** arbeiten bei der Stadtreinigung Hamburg – und acht Frauen. Ihr Arbeitstag beginnt morgens ab 5.30 Uhr

Unter Druck: Zu Beginn der Schicht leert Bernadette per **Knopfdruck** containerweise Abfall in den Schlund des Müllautos

Als ich um 5.30 Uhr das Verwaltungsgebäude der Hamburger Stadtreinigung betrete, ziehe ich mich erst einmal um. Gleich werde ich meine neuen Kollegen kennenlernen! Vor Aufregung streife ich mir die knallorangefarbene Latzhose verkehrt herum über, beim zweiten Versuch sitzt dann doch alles, wo es soll: Sicherheitsschuhe, Pullover, Hose, Jacke, Mütze.

Vor dem Gebäude treffe ich Peter Gosch, meinen Kolonnenführer. Er ist einer von 883 Müllmännern und -frauen in Hamburg. „Moin, Bernadette. Hier geht's lang", sagt er und führt mich zum einzigen weiblichen Mitglied unserer Kolonne: Roswitha, weiß und gut 14 Tonnen schwer. „Mein Vorgänger hat das Müllauto so benannt", erklärt mir Jan Zimmermann grinsend, er ist der Fahrer. Die anderen beiden Kollegen, Kim Schuster und Jörg Herzberg, genannt Herzi, nicken mir zu. Dann rücken wir mit 21 anderen Kolonnen aus, um in der ganzen Stadt die Restmülltonnen zu leeren. Ob darin wirklich nur das landet, was nicht wiederverwertet werden kann?

In den Tagen zuvor habe ich mich schon mal ein wenig schlau gemacht: Gut 38 Millionen Tonnen Haushaltsabfälle haben wir in Deutschland 2017 produziert. 462 Kilogramm Müll gehen damit im Durchschnitt auf die Kappe jedes Einzelnen von uns. Laut dem statistischen Amt der Europäischen Union gehören wir ▸

sogar zu den größten Müllverursachern der EU! Nur Dänemark und Zypern produzieren pro Kopf gerechnet noch mehr. Immerhin sortieren wir zwei Drittel unseres Abfalls in den Haushalten so weit auseinander, dass er wiederverwertet werden kann. Das spart seltene und kostbare Rohstoffe. Aber ein Drittel landet im Restmüll, das sind rund 13 Millionen Tonnen! Es ist also noch Luft nach oben.

Das bekomme ich gleich am Anfang unserer Tour bestätigt. Nach 15 Minuten Fahrt stoppt Jan das Müllauto in einem Wohnviertel im Zentrum Hamburgs. Die Männer springen aus dem Wagen und stemmen einen Container in die Heckluke. Ich darf den Kipparm steuern und drücke auf einen hellblauen Knopf. Der Kipparm packt den Container, wuchtet ihn zwei Meter über den Boden und lässt den Inhalt im Bauch des Wagens verschwinden. Das Müllauto röhrt und rumpelt, während es die Abfalltüten verschluckt. Glas scheppert Roswithas Schlund hinab. Aber Moment mal – Glas? Das gehört doch überhaupt nicht in den Restmüll!

Bernadette gehört heute zur **Kolonne** von Fahrer Jan und dessen Kollege Peter. 18 Straßen fahren sie in ihrer Schicht gemeinsam ab

Tonne für Tonne karren Bernadette und ihre Kollegen zum Müllauto. Am Ende des Tages werden sie rund acht Kilometer **Fußmarsch** hinter sich haben

Von toten Haustieren über Brautkleider und Eheringe hatten wir schon alles drin“, erzählt Jan und rollt den leeren Container zur Seite. Dabei ist es enorm wichtig, den Abfall richtig zu trennen: Um etwa neue Marmeladengläser oder Saftflaschen herzustellen, braucht es vor allem Sand, Quarzsand. Und der wird inzwischen vielerorts knapp. Wo Bagger ihn wegschaufeln, wird zudem die Umwelt zerstört. Das muss nicht sein. Denn Glas lässt sich unendlich oft wieder einschmelzen und zu neuen Produkten verarbeiten.

So sparen wir Sand und verbrauchen ein Viertel weniger Energie. Landet Altglas aber in der schwarzen Tonne und nicht im Glas-Container, wird es meist einfach verbrannt.

Nach zwei Stunden haben wir Roswitha bereits mit acht Tonnen Abfall gefüttert. An den süßlich-vergorenen Geruch habe ich mich längst gewöhnt. Doch dann passiert es: Ich leere eine Tonne nicht richtig aus, Mülltüten fallen mir entgegen, Styroporteile rieseln auf mich herab. Ich stutze: Auch Styropor hat im Restmüll nichts verloren – es gehört eigentlich in die Wertstofftonne oder den Gelben Sack, genau wie Joghurtbecher und andere Plastikverpackungen.

Sobald das Müllauto voll ist, fährt es zur **Müllverbrennungsanlage**. Dort kippt der Wagen den Abfall in eine riesige Grube

Weg mit dem Dreck: 10 000 Tonnen Abfall passen in den **Müllspeicher**, der so groß ist wie acht olympische Schwimmbecken

Einige Zeit später hat Roswitha genug, wir fahren mit ihr zur Müllverbrennungsanlage, um den Wagen zu leeren. Während ich mit ersten Blasen an den Füßen auf dem Beifahrersitz des Müllautos hocke, denke ich über das Styropor nach. Wissen die Menschen einfach nicht, in welche Tonne es gehört? Manchmal ist es wirklich nicht leicht, die richtige zu erwischen (lest dazu auch den Kasten auf Seite 44). Oder glauben sie, dass am Ende sowieso alles zusammengekippt wird (was übrigens nicht stimmt)? Wahrscheinlich trifft beides zu. „Viele Leute haben außerdem nicht die Möglichkeit, perfekt zu trennen", sagt Peter. „ In manchen Häusern gibt es zum Beispiel keine Wertstofftonne." Dann müssen sich die Bürger selbst Gelbe Säcke besorgen, um zumindest ihren Verpackungsmüll zu trennen. Viele sind dafür bestimmt zu bequem. Würden einfach alle Haushalte mit Wertstofftonnen ausgestattet, ließe sich die Recyclingquote vermutlich weiter verbessern.

Mittlerweile sind wir in der Müllverbrennungsanlage angekommen. Jan lenkt den Laster rückwärts an eine gigantische Grube und leert dessen Inhalt hinein. Der Abfall muss nun zunächst einige Tage trocknen, bevor ihn ein Kranführer in den Verbrennungsofen manövriert.

Komplett nutzlos ist der Restmüll übrigens nicht, erfahre ich hier. Die Energie, die bei dessen Verbrennung entsteht, wird in ▸

Form von Strom und Wärme an Hamburger Haushalte weitergeleitet, ähnlich wie bei den anderen 65 Verbrennungsanlagen für Siedlungsmüll in Deutschland. 1,6 Millionen Wohnungen und Häuser können so laut Bundesumweltamt versorgt werden.

Keine halbe Stunde später rollt unsere Kolonne schon wieder vom Hof. Weitere zwei Stunden lang laden wir die geleerte Roswitha noch einmal fast voll. Ich staune noch immer, wie viel Müll allein in dieser Wohngegend zusammenkommt. Und denke: Wer viel Müll produziert, kann auch viel recyceln. Aber am besten wäre es natürlich, wenn wir Abfall von vornherein vermeiden, indem wir bewusster einkaufen. Und auch das Wiederverwerten geht sicher noch besser. ■

1200 Haushalte hat die Kolonne heute vom Müll befreit. Die **GEOlino-Reporter** Melanka, Bernadette und Tobias sind schwer beeindruckt

Gut getrennt

Wer Müll sortiert, hilft dem Klima. Denn der meiste Abfall kann wiederverwertet werden. Das spart Rohstoffe und Energie. Doch was gehört nun wirklich in welche Tonne? Und wie genau werden die Reste wiederverwertet?

Restmüll

Was kommt rein?
Alles, was nicht wiederverwertet werden kann, etwa Glühlampen, Staubsaugerbeutel, zerbrochene Teller und Hygieneartikel wie Wattestäbchen oder benutzte Taschentücher.

Das passiert damit:
Restmüll wird größtenteils in Müllverbrennungsanlagen verbrannt. Dabei lassen sich Wärme und Strom erzeugen. Mancherorts wird der Abfall vor dem Verbrennen noch nach recycelbaren Stoffen durchsucht.

Papier

Was kommt rein?
Altpapier, also Papier, Kartons und andere Verpackungen aus Pappe.

Das passiert damit:
In Wiederverwertungsanlagen wird das Papier zerkleinert, mit Wasser vermischt und gebleicht. Anschließend wird der Brei zu Recyclingpapier getrocknet. Daraus lassen sich neue Kartons, Schreibhefte, Zeitungs- oder Toilettenpapier herstellen. Gut für die Wälder: So müssen weniger Bäume für neues Papier gefällt werden.

Biomüll

Was kommt rein?
Brotreste, Eierschalen, Gemüse-, Obst- und gekochte Essensreste, Teebeutel und Kaffeefilter, aber auch Gartenabfälle und verwelkte Blumen.

Das passiert damit:
Der Biomüll wird zunächst sortiert und zerkleinert. In Kompostieranlagen wird er zu Dünger für Felder und Äcker verarbeitet. Aus einem Teil des Abfalls lässt sich in Vergärungsanlagen Biogas gewinnen – und daraus wiederum Strom und Wärme für Gebäude.

Gelber Sack

Was kommt rein?
Verpackungen aus Metall oder Kunststoff, etwa Konservendosen oder Joghurtbecher, Shampooflaschen und Schokoriegelverpackungen.

Das passiert damit:
In Sortieranlagen wird der Müll noch einmal getrennt. Ein Teil des Kunststoffabfalls wird wiederverwertet und etwa zu Pflanztöpfen oder Autoteilen verarbeitet. Verpackungen aus Kunststoffmischungen sind schwer recycelbar und werden meist verbrannt.

Glas

Was kommt rein?
Leere Flaschen und andere Verpackungsgläser, sortiert nach Weiß-, Braun- und Grünglas. In Letzteren werft ihr auch blaues und rotes Glas. Deckel, etwa von Marmeladengläsern, packt ihr in den Gelben Sack, zerbrochene Trinkgläser in den Restmüll.

Das passiert damit:
In speziellen Anlagen wird das Glas noch einmal nach Farben nachsortiert, dann eingeschmolzen und zu neuen Produkten verarbeitet. Das funktioniert bei Glas beliebig oft!

GEOlino extra Illustrationen: shutterstock

Wie Wörter wandern

Deutsche Begriffe in aller Welt

Text: *Verena Linde*

Manchmal schimpfen Leute darüber, dass wir so viele englische Wörter im Deutschen benutzen. In der Redaktion sagen wir zum Beispiel oft „Headline“ statt „Überschrift“. Dazu kommen die vielen ausländischen Begriffe, die wir mittlerweile ganz selbstverständlich nutzen, ohne an ihren Ursprung zu denken, Fairness etwa, Garage oder Portemonnaie.

Dabei zeigt diese Seite: Auch zahlreiche deutsche Wörter sind ausgewandert, in die USA, nach Namibia, Russland – ach, in die ganze Welt. Rund 6000 Ausreißer seien es insgesamt, fand der Deutsche Sprachrat heraus.

Die Gründe für ihre „Wanderschaft“ sind unterschiedlich. Amerikaner sagen zu „Kindergarten“ „Kindergarten“, weil es im Englischen keinen Ausdruck für die Unterbringung von Kleinkindern gibt. Andere Wörter haben

GEOlino extra Illustrationen: Amin Huschi/GEOlino extra unter Verwendung von shutterstock; Stefanie Peters (Karte)

Einwanderer in ihrer neuen Heimat einfach so viel benutzt, dass sie sich eingebürgert haben. Nicht alle Wörter bleiben dabei unverändert: Manche Begriffe passen sich an. Sie werden etwa wie „lustig“ zu „loustic“ in Frankreich „eingefranzösischt“. Gemeint ist damit übrigens keine komische Situation, sondern eine witzige, freche Person – ein Witzbold also.

Schließlich hat sich auch so manches deutsche Wort in der Ferne mit einem einheimischen zusammengetan. Beispiel gefällig? In Tansania haben die Menschen „kaputt“ mit dem Begriff „nasu“ kombiniert, der in der Landessprache Swahili „halb“ bedeutet. Zusammengesetzt nutzt man den Begriff „nasu kaput“ in Tansania nun als Bezeichnung für Narkose. Denn nach einer Betäubungsspritze ist man ja nicht ganz hinüber, sondern nur für einen kurzen Zeitraum lahmgelegt. ■

GEOlino WERKSTATT

LASS' GEHEN!

Die Geschichte des Brotes

Gut 3200 Sorten Brot gibt es hierzulande, mehr als irgendwo sonst auf der Welt. Im Jahr 2014 hat die Organisation UNESCO die deutsche Brotkultur sogar zum Kulturerbe erklärt. Dabei waren es nicht etwa unsere Vorfahren, die Germanen, die das erste Brot gebacken bekommen haben. Wer sonst? Na, lest selbst – und krempelt schon mal die Ärmel hoch

Text: *Barbara Lich* Fotos: *Melanka Helms*

IHR BRAUCHT:

500 g Weizenmehl • 500 g Roggen-Vollkornmehl • 1 Esslöffel Salz • 1 Päckchen Trockenhefe • 1 Päckchen Sauerteig-Extrakt in Pulverform • 750 ml lauwarmes Wasser • 150 g Sonnenblumen- und Kürbiskerne • etwas Mehl zum Kneten des Teiges – und Zeit. Jede Menge Zeit

Das Wort Brot leitet sich nicht umsonst vom althochdeutschen Begriff „prôt“ ab, was in etwa „Gegorenes“ bedeutet – und das Geheimnis lüftet, das Brot fluffig macht: Der Teig muss „gehen“, am besten lange, über Stunden. Denn winzige Hefepilze und Milchsäurebakterien, die ganz natürlich in der Luft vorkommen, sorgen für die

In Deutschland gilt Brot als Kulturgut. Das Deutsche Brotinstitut verzeichnet derzeit mehr als 3200 **Sorten**, von hellem Weizen- bis hin zu dunklem Schwarzbrot

Auf der Beliebtheitsskala der Brotsorten schafft es **Vollkorn- und Schwarzbrot** hierzulande nur auf Platz vier

Vollkorn- und Roggenbrote bleiben länger frisch als solche aus Weizenmehl, weil sie die **Feuchtigkeit** besser halten. Generell gilt: Brot bewahrt ihr am besten in Brotkästen auf

Kleine Brotkunde: Den inneren, weichen Teil des Brotes nennt man **Krume**, das Drumherum Kruste
Ganz schön helle! Das klassische **Toastbrot** ist in Deutschland erst seit den 1950er-Jahren bekannt. Doch schon vor Jahrhunderten rösteten die Menschen Brot. Im deutschsprachigen Raum nannten sie es früher Bähschnitte. Bähen bedeutet »leicht rösten«
Der 16. Oktober gilt als internationaler »Welttag des Brotes«. Dabei wurde zuletzt **Bauernbrot** zum »Brot des Jahres 2019« gewählt

sogenannte Gärung: Sie vermehren sich im Teig, setzen dabei Kohlendioxid frei und lockern ihn auf diese Weise. Der Teig wird dicker und dicker …

Mischt also die beiden **Mehlsorten**, gebt die Hefe, das Sauerteigpulver und das Salz in eine große Schüssel. Gießt nach und nach das Wasser dazu: Rührt den Teig zunächst mit einem Kochlöffel an. Bestäubt dann die Hände mit Mehl und knetet die Masse durch. Kurz, aber kräftig! Deckt die Schüssel mit einem sauberen Küchenhandtuch ab und lasst das künftige „prôt" an einem warmen Ort für etwa zwei Stunden gehen!

Ja, zwei Stunden etwa braucht der Teig, um sein Volumen zu verdoppeln. Das reicht locker für eine kleine Zeitreise in die Jungsteinzeit. Damals nämlich, vor rund 11 000 Jahren, begannen die ersten Ackerbauern, Getreide auszusäen – allen voran Einkorn und Emmer, sozusagen die Vorfahren des Weizens. Anfangs verspeisten die Menschen die Körner noch roh. Bis sie irgendwann auf die Idee kamen, sie zu zerstoßen, einzuweichen und Brei daraus anzurühren. Ob sie die Körnerpampe eines Tages absichtlich oder aus Versehen auf einen heißen Stein kippten, wissen wir nicht. Sicher ist dagegen: Der Brei trocknete zu einem Fladen. Fest und haltbar, sodass er auch als Wegzehrung taugte. Die Geschichte des Brotes hatte begonnen!

Der Teig hat zugelegt? Prima! Dann gebt nun die Sonnenblumenkerne und die Kürbiskerne in die Schüssel und verknetet alles noch einmal. Halbiert den **Teig** und formt zwei Laibe daraus. Ihr Durchmesser sollte etwa 20 Zentimeter betragen. Legt diese auf mit Backpapier ausgelegte Backbleche oder in ebenfalls mit Backpapier ausgelegte ovale Auflaufformen. Bestäubt die Hälften mit etwas Mehl, bevor ihr sie wieder mit dem Tuch bedeckt und ruhen lasst – eine weitere Stunde.

Es waren die alten Ägypter, die entdeckten, dass man den Teig stehen und gehen lassen muss – sie sind die Erfinder des Sauerteigs! Vor rund 6000 Jahren begannen die Menschen am Nil, erste Bäckereien zu bauen, Öfen zu entwickeln und richtiges rundes Brot in erhitzten Tontöpfen zu backen, in denen der Teig gehen konnte. So entstanden die ersten Brotlaibe der Menschheit – und die alten Ägypter bekamen den Spitznamen „Brotesser" verpasst. Der würde heutzutage auch gut zu uns passen: 1 747 000 Tonnen Brot kauften wir in Deutschland im Jahr 2017, vor allem Misch- und Toastbrot. Das Deutsche Brotinstitut verzeichnet in seinem Brotregister über 3200 Sorten und Spezialitäten. In keinem anderen Land der Erde gibt es eine solch große Vielfalt wie bei uns! Warum? Wartet mal …

GEOlino extra Fotos: shutterstock (r. 2)

… und heizt den Backofen vor. Schiebt die Bleche oder Auflaufformen hinein und backt die **Laibe** bei 180 Grad Celsius etwa 45 Minuten lang.

Genug Zeit für einen Kurztrip ins Römische Reich. Nachdem sich die Israeliten die Kunst des Brotbackens von den alten Ägyptern abgeschaut hatten, gelangte das Handwerk nämlich nach Griechenland und schließlich zu den alten Römern. Diese errichteten damals schon Großbäckereien und nutzten steinerne Drehmühlen zum Mahlen des Korns.

Allerdings mussten sie bald feststellen, dass der Weizen, den sie anzubauen versuchten, im nassen Norden nicht so recht spross. Sie brauchten ein Getreide, dass der Witterung besser standhielt – und bauten eine Wildpflanze an, die bislang als Unkraut verschrien war: Roggen. Der kam auch im feuchtkalten Klima jenseits der Alpen zurecht und ließ sich selbst im heutigen Norddeutschland prima pflanzen und ernten. Und so backten manche Menschen mit Weizenmehl, andere mit Roggenmehl, das das Brot dunkler färbte, wieder andere mischten die Mehle. In den Regionen entstanden immer mehr Sorten. Und weil das Gebiet des heutigen Deutschland im späten Mittelalter einem Flickenteppich glich, bestehend aus zig unabhängigen Städten und Fürstentümern mit eigenen Sitten, Gebräuchen und eben auch Rezepten, schmeckte Brot von Ort zu Ort verschieden.

So oder so aber war es bald Grundnahrungsmittel. Morgens, mittags, abends, zur Suppe, zum Gemüse, zum Fleisch oder solo – die Menschen aßen Brot. Und tun es noch immer. Allerdings stemmen heutzutage Großbetriebe, also Fabriken, etwa zwei Drittel der Brotproduktion in Deutschland, und längst haben dort Maschinen die Arbeit übernommen. Nur in den kleineren Bäckereien walken die Menschen den Teig noch selbst durch. Wo wir gerade von Handarbeit sprechen:

Schaut mal in den Ofen! Ist die **Kruste** knusprig? Dann holt die Laibe heraus, und lasst sie kurz abkühlen. Wetzt die Messer und schneidet euch eine Scheibe ab! Guten Appetit!

In **Kürbiskernen** stecken jede Menge Mineralstoffe wie Magnesium, Zink und Eisen. Bäcker nutzen sie gern, um Brot und Brötchen zu verfeinern

Alles knusper? Als Qualitätsmerkmal von Brot gilt die sogenannte Rösche. Eine **Kruste** ist rösch, wenn sie beim Anschneiden oder Reinbeißen knuspert und ein paar Krümel absplittern

Die Mischung macht's! Tatsächlich schmieren sich die Deutschen am liebsten Stullen aus **Mischbrot**, manchmal auch Graubrot genannt. Für den Sauerteig werden Weizen- und Roggenmehl miteinander vermengt

GUTE FRAGE

Sollten die Bundesjugend

Schon seit Jahrzehnten messen sich deutsche Schüler bei den
Ehrenurkunde mit Unterschrift vom Bundespräsidenten. Doch für

DAFÜR

Schüler werden gedemütigt

Im Sommer 2015 hat Christine Finke die Nase voll. Ihr neunjähriger Sohn kommt weinend nach Hause: Er hat bei den Bundesjugendspielen nur eine Teilnahmeurkunde erreicht – die schlechteste von drei möglichen Urkunden. Die Mutter aus Konstanz startet daraufhin einen Aufruf im Internet und fordert Politiker dazu auf, den Leichtathletik-Wettbewerb abzuschaffen. Die Bundesjugendspiele „demotivieren Schüler", schreibt sie. **Der Wettkampf sei „sinnlos und unfair", weil schwache Sportler von vornherein keine Chance haben mitzuhalten.** Gut 20 000 Menschen beteiligen sich und stimmen ihr zu.

Die Bundesjugendspiele gibt es schon seit dem Jahr 1951, seit 40 Jahren ist die Teilnahme für alle Jungen und Mädchen bis zum zehnten Schuljahr Pflicht. Warum? Zu Beginn heißt es, der Wettbewerb solle „das Bewusstsein der Zusammengehörigkeit erwecken" und „frohen Wettkampfgeist anregen". Doch er bewirkt das Gegenteil: **Von Teamgefühl kann keine Rede sein, wenn die Schüler gegeneinander antreten und ihre Leistungen verglichen werden.** Und der Spaß am Sport bleibt erst recht auf der Strecke, wenn die ganze Klasse dabei zusieht, wie man beim Wettrennen abgehängt wird oder sich beim Weitwurf den Ball direkt vor die Füße schleudert. Außerdem: In keinem anderen Schulfach werden schlechtere Kinder öffentlich so vorgeführt. Schüler mit einer Leseschwäche etwa müssen nicht bei Vorlesewettbewerben mitmachen und sich dort blamieren. Und wer unmusikalisch ist, nimmt eben nicht an Chorauftritten teil.

Die Bundesjugendspiele sind auch deshalb unfair, weil die Sportler nach Jahrgängen antreten. Dabei haben kleinere Klassenkameraden beim Rennen und Springen viel schlechtere Chancen als größere. Die Wettkämpfe sollten deshalb zumindest freiwillig sein. So können sich die Besten mit den Besten messen – den anderen bleiben Enttäuschung und Tränen erspart.

spiele abgeschafft werden?

Bundesjugendspielen im Laufen, Springen, Werfen. Die besten erhalten eine viele ist der Wettkampf eine Qual. Sollte er deshalb abgeschafft werden?

DAGEGEN

Die Spiele sind ein Ansporn

Wahrscheinlich gibt es nicht viele Erfahrungen, die ihr mit euren Eltern und Großeltern teilt – aber die Bundesjugendspiele sind so eine Gemeinsamkeit! Der Sportwettbewerb gehört seit Jahrzehnten zu Deutschland. Heute nehmen jeden Sommer rund fünf Millionen Schüler daran teil. Kurz nach der Beschwerde von Christine Finke (lest dazu den Text links) hat eine Umfrage ergeben, dass die Mehrheit der Bürger die Bundesjugendspiele behalten möchte. Offenbar erinnern sie sich gern daran zurück.

Die Wettkämpfe sind nicht nur eine willkommene Abwechslung vom Unterricht. Gerade weil alle Schüler daran teilnehmen müssen, verdeutlichen sie auch: **Sport ist wichtig. Ärzte beklagen schon lange, dass sich viele Kinder zu wenig bewegen.** Ein Wettbewerb, für den sie trainieren und bei dem sie sich anstrengen, kann ihnen nur guttun. Und wer weiß: Ein Schüler, der bei den Bundesjugendspielen schlecht abschneidet, fühlt sich vielleicht angespornt, künftig mehr Sport zu treiben und im nächsten Jahr bessere Leistungen zu zeigen. Jeder geht schließlich unterschiedlich mit Niederlagen um. Auch das nämlich lehrt einen der Leichtathletik-Wettkampf: mit eigenen Schwächen klarzukommen. **Das Leben besteht eben nicht nur aus Erfolgserlebnissen – das gilt auch für den Rest aller Schulfächer.** Niemand verlangt ernsthaft, eine Mathearbeit vom Stundenplan zu streichen, nur weil er sich mit den Aufgaben quält. Warum sollten für Sportprüfungen andere Regeln gelten?

Überhaupt ist es doch völlig klar, dass nicht jeder alles können kann und Schüler unterschiedliche Talente haben. Oft glänzen auf dem Sportplatz zum Beispiel diejenigen, die in Deutschaufsätzen und Mathearbeiten weniger gut abschneiden. Diesen Erfolg kann man ihnen ruhig mal gönnen.

WAPPEN

Tierisch was los

*Jedes der 16 deutschen **Bundesländer** hat ein Wappen, das von seiner Vergangenheit erzählt. Auf vielen tummeln sich Pferde, Adler oder Löwen. Wie es dazu gekommen ist? Das erzählen uns die Tiere höchstpersönlich …*

Text: Stefan Greschik

»Sie schwärmten von meiner Stärke«

Keiner taucht auf mehr Länderwappen auf als der Löwe, sechs sind es insgesamt. Wir haben den »bunten Löwen« aus Hessen dazu befragt

Geolino extra: Bunter Löwe, wie kommst du eigentlich auf das Wappen Hessens?
Bunter Löwe: Das geht auf das Adelsgeschlecht der Ludowinger zurück. Die waren im 12. Jahrhundert eigentlich Landgrafen von Thüringen. Als sie mich zu dieser Zeit ins Wappen hoben, herrschten sie aber auch über Hessen. Und so kam ich eben hierher.

Das war aber eine komische Wahl. In Deutschland gibt es doch gar keine Löwen.
Aber ich werde in der Bibel oft für meine Stärke gerühmt. Außerdem haben mich deutsche Kreuzritter auf ihrer Reise ins Heilige Land gesehen. Nach ihrer Rückkehr schwärmten sie wohl von mir, und ich kam als Wappentier in Mode.

Und wie wurdest du rot-weiß gestreift?
Das ist noch ein bisschen umstritten. Die Farben haben die Ludowinger wahrscheinlich aus dem Erzbistum Mainz übernommen, zu dem sie eine enge Verbindung hatten.

Und dann?
Dann haben mich alle folgenden Herrscher der Gegend als Wappentier behalten. Außerdem tauche ich heute auf den Wappen von Baden-Württemberg, Rheinland-Pfalz, dem Saarland, Schleswig-Holstein und Thüringen auf.

»Auf Bundesländer pfeif ich doch«

Der Adler ist das Wappentier großer Reiche, auch im Länderwappen Brandenburgs und Sachsen-Anhalts flattert er herum – und in dem der Bundesrepublik

Geolino extra: Adler, du giltst als König der Lüfte. Aber auf den Länderwappen bist du kaum vertreten, bist du sauer?
Adler: Pah, auf Bundesländer pfeif ich doch! Als Symbol für Stärke, Macht, Scharfsicht …

Oh, wow! Für so vieles!
… und andere Herrschertugenden war ich das Zeichen der römischen Kaiser und deutschen Könige, und – als Doppeladler – der russischen Zaren und des Reiches Österreich-Ungarn. Heute bin ich das Wappentier Deutschlands.

Okay, schon verstanden: Du bist der Überflieger. Und was ist mit den Bundesländern?
Da haben nur Sachsen-Anhalt und Brandenburg Sinn für Größe. Dort hat mich das Adelsgeschlecht der Askanier wohl im 12. Jahrhundert als Wappentier übernommen. Ich komme sogar in der brandenburgischen Hymne vor: „Steige hoch, du roter Adler." Welch herrliche Poesie! Das berührt mich immer wieder.

»Ich und die Sachsen, das ist eine alte Liebe«

In keinem Bundesland dreht sich so viel um Pferde wie in Niedersachsen. Doch das ist nicht der Grund dafür, dass auch das Länderwappen ein weißes Ross ziert

Geolino extra: Sachsenross, was mögen die Niedersachsen an dir, dass sie ein harmloses Pferd zu ihrem Wappentier gemacht haben? Alle anderen sind ja eher gefährlich …
Sachsenross: Das mit Niedersachsen hat eine Weile gedauert. Aber ich und die Sachsen, das ist eine alte Liebe! Schon im 8. Jahrhundert soll der Sachsenführer Widukind mit einem Pferd im Wappen gegen Karl den Großen gekämpft haben! Ab dem 14. Jahrhundert haben dann die Welfen ihre Wappen mit mir verziert.

Und im 18. Jahrhundert wurdest du dann befördert?
Kann man so sagen. Da kam ich in die Wappen des wichtigen Kurfürstentums Hannover und des Herzogtums Braunschweig.

Und von dort war es nicht mehr weit bis ins niedersächsische Wappen …
Genau! Beide Gebiete liegen teilweise im heutigen Niedersachsen, und so wurde ich ins Landeswappen übernommen, nachdem Niedersachsen 1946 gegründet wurde. Und zu Recht: Hier bin ich noch immer ein Star!

GEOlino extra Fotos: shutterstock

»Mit Zunge wirke ich gefährlicher«

Der Stier kommt nur auf einem Länderwappen vor: dem von Mecklenburg-Vorpommern. Selbst dort muss er sich den Platz teilen

GEOlino extra: Stier, lässt du dir auf deinem Wappen vom Greif die Show stehlen?
Stier: Was soll ich machen?! Mecklenburg-Vorpommern wurde nach dem Zweiten Weltkrieg aus mehreren Landesteilen zusammengesetzt, und jeder brachte sein Wappen mit.

Aha, erzähl mal …
Die Mecklenburger Landesteile hatten mich als Wappen, während der Greif für Vorpommern steht. Eigentlich müsste noch ein Adler für Brandenburg hinzukommen. Denn ein paar Gebiete von Mecklenburg-Vorpommern gehörten früher zu Brandenburg. Aber der wurde in dem Wappen unterschlagen.

Warum streckst du, wie auch andere Wappentiere, die Zunge heraus? Das sieht doch lächerlich aus!
Also bitte! Die Menschen früher glaubten wohl, dass Tiere mit heraushängender Zunge gefährlicher wirken und sie ihre Feinde in der Schlacht damit besser erschrecken können.

So gefährlich finden wir dich aber gar nicht.
Ja, das funktioniert anscheinend nur bei Löwen oder Bären …

»Brumm?«

Berlin, das klingt nach Bär – und tatsächlich findet sich der Kraftprotz auf dem Wappen der Stadt. Trotzdem ist nicht ganz klar, wie es dazu kam

GEOlino extra: Berliner Bär, du bist von allen Wappentieren das rätselhafteste. Keiner versteht dich so richtig.
Bär: Brumm?

Die Sache ist die: Berlin wurde wohl um das Jahr 1200 gegründet. Es gehörte damals zu Brandenburg, wo das Geschlecht der Askanier herrschte. Deren Wappen war der rote Adler.
Brumm!

Du tauchst allerdings ein paarmal auf Siegeln oder Urkunden auf. Früher vermuteten Experten, dass das auf einen alten Herrscher zurückging, den man wegen seiner Stärke „Bär" nannte.
Grrrr!

Heute glauben einige, die Stadt sei von Slawen gegründet worden, und Berlin sei aus einem Wort abgeleitet, das „Siedlung im Sumpf" bedeutet. Man sagt, dass du ein sprechendes Wappen bist. So nennt man Wappen, die nach dem Namen von Städten gewählt wurden, also weil Bär zufällig wie Berlin klingt.
Roaaarrrr!

Schon gut, du willst also nach wie vor nicht darüber sprechen …
Brumm!

GEOlino extra Fotos: shutterstock

Reden über Rassismus

»Wenn man Geflüchtete kennt, baut man Vorurteile automatisch ab«

Schule ohne Rassismus
Schule mit Courage

Das Gymnasium Finkenwerder in Hamburg trägt die Auszeichnung »Schule ohne Rassismus. Schule mit Courage«. Den Titel hat es vor allem dem Einsatz der Anti-Rassismus-AG zu verdanken. Wir haben die ***Mitglieder*** *getroffen und mit ihnen über Fremdenhass und eigene Vorurteile diskutiert*

Text: *Verena Linde und Annika Sartor*

Während ihre Mitschüler auf dem Schulhof abhängen, über Fußball fachsimpeln oder in aller Ruhe ihr Pausenbrot verdrücken, geht es für die Mitglieder der Anti-Rassismus-AG ans Eingemachte: Jeden Mittwoch treffen sie sich im Büro von Holly, dem Sozialpädagogen Holger Hülsemann. Unterstützt werden sie von den Lehrerinnen Anne Wolff und Lena Sierk. Gemeinsam versuchen sie, Antworten auf unbequeme Fragen zu finden. Wie soll man auf rassistische Sprüche an der Schule reagieren? Wie Hass und Vorurteilen begegnen? An einem Tag im Januar dürfen wir mitdiskutieren.

GEOlino extra: Wo beginnt Rassismus eurer Meinung nach? ▸

Was bedeutet »Antisemitismus«?

Es bedeutet Hass gegen **Juden** – und dieser ist nicht neu. Immer wieder wurden Juden in den vergangenen Jahrhunderten verfolgt, am weitaus schlimmsten unter Adolf Hitler und den Nationalsozialisten zwischen 1933 und 1945. Damals wurden rund sechs Millionen Juden umgebracht, viele in eigens dafür eingerichteten Vernichtungslagern mit Gaskammern. Diesen Massenmord bezeichnet man als Holocaust. Im vergangenen Jahr sorgte nun ein Video für Aufsehen: Darin filmte ein Mann, der die traditionelle jüdische Kopfbedeckung Kippa trug, wie ein anderer ihn deshalb mit einem Gürtel schlug. Daraufhin zeigten zahlreiche Menschen bei Demonstrationen ihr Mitgefühl mit dem Angegriffenen.

Hannah: *Mir fällt auf, dass das Wort „Kanaken“ für Südländer sehr häufig fällt. Weil viele das sagen, denkt man, das ist okay. Das ist bei total vielen Begriffen so. Aber im Grunde genommen ist es überhaupt nicht richtig, so abfällig über andere Menschen zu sprechen.*

Inga: *Manchmal weiß man auch nicht, ob etwas rassistisch gemeint ist. Etwa wenn jemand auf der Straße einen ausländisch aussehenden Menschen komisch anguckt. Erst, wenn jemand noch dazu etwas Abfälliges sagt, ist es eindeutig.*

Gibt es Rassismus an eurer Schule?

Henry: *Ja, schon. Neulich haben Fünftklässler Witze gemacht: Einer hat eine Klassentür zugehalten und von draußen gerufen: „Jetzt werdet ihr vergast!“ Die wussten gar nicht, was sie da eigentlich sagen. Trotzdem darf man darüber, dass die Nazis, die Nationalsozialisten, Millionen Juden in Gaskammern ermordet haben, keine Scherze machen!*

Der Witz steckte voller Antisemitismus (siehe Kasten Seite 61)**, gegen den eure AG ebenfalls kämpft. Was passiert, wenn so etwas an eurer Schule vorkommt?**

Caroline: *Dann schickt Holly die Schüler zu uns. In der AG müssen sie kleine Vorträge halten oder Plakate zum Thema malen. So denken sie über ihr Verhalten noch einmal nach.*

Für ihren Einsatz gegen Rassismus haben die Schüler eine Auszeichnung erhalten: „Schule ohne Rassismus. Schule mit Courage“. Um dieses Siegel zu bekommen – und auch zu behalten –, muss die Schule jedes Jahr ein Projekt auf die Beine stellen. Und mindestens 70 Prozent der Schüler und Lehrer müssen sich schriftlich verpflichten, gegen Rassismus einzutreten. Zudem hat die Schule einen prominenten Paten: die Holocaust-Überlebende Esther Bejarano.

Die schlimme Zeit des Nationalsozialismus ist zwar vorbei. Doch seit einigen Jahren vermischen sich auf Demonstrationen, etwa denen der Organisation Pegida (siehe Kasten rechts)**, wieder unterschiedlichste Formen von Fremdenhass. Es scheint, als würden immer mehr Menschen auf gewisse Art und Weise rassistisch denken …**

Was tun gegen Rassismus? Darüber diskutieren die Mitglieder der AG diesmal mit den GEOlino-Reportern. Sonst geht es bei ihren **Treffen** vor allem um Aktionen, die die Schüler planen

Hannah: *Ich glaube, ausländerfeindliches Denken gab es auch schon vor Pegida. Aber dadurch, dass es solche Gruppen gibt, die auf die Straße gehen, trauen sich auch andere, ihre Haltung öffentlich zu zeigen. Manche Bilder von solchen Demos fand ich echt gruselig. Wie hasserfüllt die Leute geguckt haben, dann die Flaggen in der Hand, das hat mir Angst gemacht.*

Henry: *Aber man darf nicht alle Pegida-Demonstranten in einen Topf werfen. Allerdings gibt es viele „besorgte Bürger“: Sie behaupten, dass sie Angst davor haben, dass Menschen anderer Herkunft ihren Job wegnehmen könnten. Dabei schieben sie die Furcht nur vor, um ihre rassistische Meinung zu verbergen.*

Inzwischen sitzen Politiker der umstrittenen Partei AfD (siehe Kasten rechts) **im Bundestag. Meint ihr, diese „besorgten Bürger“ haben sie gewählt?**

Clara: *Vielleicht. Aber bestimmt haben viele Leute die AfD auch nur aus Protest gewählt. Um der Regierung zu zeigen, dass sie unzufrieden sind.*

Caroline: *Jedenfalls waren wir nach der Wahl total entsetzt und wütend, dass diese Partei so viele Stimmen bekommen hat. Ich sehe übrigens eine Gefahr darin, dass wir rechtem Denken eine Riesenaufmerksamkeit schenken. Mehr, als gut ist.* ▸

Wofür steht Pegida?

Pegida ist eine fremdenfeindliche Bewegung. Die Abkürzung bedeutet: Patriotische Europäer gegen die Islamisierung des Abendlandes. Damit ist in etwa gemeint, dass Pegida-Anhänger Deutschland so erhalten wollen, wie es ist. Im Islam sehen sie eine Religion, die ihre Heimat zu verändern droht und ihr schadet. Zeitungen, Radio- und Fernsehsender, behaupten sie, würden falsche Tatsachen verbreiten. Pegida wurde 2014 in Dresden gegründet. Seitdem demonstrieren die Anhänger dort jeden Montag mit **Parolen** wie „Keine Scharia* in Europa“ oder „Lügenpresse“.

*Die Scharia ist das auf dem Koran basierende Gesetz des Islam

Was ist die AfD?

Die Alternative für Deutschland (kurz: AfD) ist eine deutsche Partei, deren Mitglieder bisweilen rechte, teilweise rechtsextreme Ansichten haben. Parteien oder Personen, die „rechts“ sind, stellen das Wohl des eigenen Volkes und des eigenen Staates über alles. Rechtsextreme gehen davon aus, dass nicht alle Menschen gleich, sondern einige mehr wert sind als andere. Gegründet wurde die AfD im Jahr 2013. Ihr Thema Nummer eins ist die Flüchtlingspolitik. Mit ihren Ansichten hat sie bei der vergangenen **Bundestagswahl** 12,6 Prozent der Stimmen errungen und ist inzwischen mit 91 Abgeordneten im Bundestag vertreten.

GEOlino extra Fotos: Nele Heitmeyer/GEOlino extra (l.); Sachelle Babbar/ZUMA/ddp images (r. o.); Hans Christian Plambeck/laif (r. u.); shutterstock (Hintergrund und Beiwerk)

Was geschah in Chemnitz?

In der Nacht zum 26. August 2018 wird der Deutsche Daniel Hillig vermutlich bei einem Streit niedergestochen und stirbt. Die vermeintlichen Täter, ein Syrer und ein Iraker, werden kurz nach der Tat verhaftet. Noch am selben Tag protestieren mehrere Hundert Menschen in der Innenstadt, einige greifen Personen an, die sie für Migranten halten. Für den 27. August trommelt die rechtsgerichtete Organisation Pro Chemnitz 6000 Menschen zu einer Demo zusammen. Viele Deutsche sind erschrocken über den Fremdenhass. Unter dem Motto „Wir sind mehr" demonstrieren sie im Gegenzug für Toleranz.

Wenn in den Medien so viel über die AfD und Pegida geredet wird, erscheinen deren Ansichten mit der Zeit ganz normal. Aber sie einfach zu ignorieren ist natürlich auch keine Lösung.

Um Menschen zum Hinschauen und Nachdenken zu bewegen, drehten die Schüler der AG einen Film zu den Themen Flucht, Rassismus und Holocaust. In „Andere Zeiten. Gleiche Fehler?" kommen sieben Geflüchtete und die Schulpatin Esther Bejarano zu Wort. Sie berichten über den Verlust ihrer Heimat und das Leben mit der Ungewissheit, ob ihre Familienangehörigen noch am Leben sind. Für diese Arbeit haben die Schüler im November 2018 den Hamburger Bürgerpreis verliehen bekommen.

Hat sich durch den Film bei euch etwas verändert?

Henry: *Wir haben dadurch selbst viel gelernt. Wenn man Geflüchtete persönlich kennenlernt, ihre Geschichte hört, dann baut man automatisch Vorurteile ab. Das ist auch bei uns passiert. Und bei vielen, die unseren Film gesehen haben.*

Wie begegnet ihr Rassismus im Alltag?

Caroline: *Wenn in unserer Schule etwas passiert, dann sprechen wir mit den Schülern. Das ist besser, als sie zu bestrafen, weil die Schüler nach den Gesprächen richtig verstehen, was sie gemacht haben.*

Adara: *Eigentlich würde ich auch gern gegen Nazis demonstrieren. Aber ich hätte Schiss, zu einer Demo zu gehen. Einfach weil es dort so viel Gewalt gab.*

Johanna: *Viele haben das aber trotzdem getan – gerade nach den Nazi-Märschen in Chemnitz* (siehe Kasten links)*. Ich fand gut, dass die Leute sich nicht haben einschüchtern lassen. Es ist wichtig, das zu zeigen.*

Caroline: *Zu demonstrieren ist aber nur ein Mittel. Um etwas gegen Rassismus zu bewirken, kann jeder bei sich selbst anfangen. Bei den eigenen Vorurteilen. Wenn man offen dafür ist, sich vom Gegenteil der eigenen Meinung überzeugen zu lassen, ist viel erreicht.*

Mit dieser Haltung sind die AG-Mitglieder ein Vorbild für die jüngeren Schüler. Als sie ihren Film zu Beginn des Schuljahres in allen 5. Klassen zeigten, waren die Mädchen und Jungen vom Schicksal der Flüchtlinge tief erschüttert – und einige haben darüber nachgedacht, selbst bei der Anti-Rassismus-AG mitzumachen.

Wissen hilft gegen Vorurteile – davon sind die Schüler der AG überzeugt. Deshalb zeigen sie ihren **Film** über Geflüchtete »Andere Zeiten. Gleiche Fehler?« in vielen Schulklassen. In dieser Szene berichtet die Holocaust-Überlebende Esther Bejarano von ihrem Schicksal

Was ratet ihr Kindern und Jugendlichen, die sich wie ihr gegen Rassismus engagieren möchten?

Johanna: *Ich denke, man sollte sich gut informieren. Etwa Nachrichten gucken. Denn je mehr man weiß, desto besser kann man seine Meinung vertreten.*

Caroline: *Und man sollte keine Angst vor Älteren haben. Auch nicht vor Erwachsenen. Denn ich glaube, indem man etwas sagt, bringt man den anderen früher oder später zum Nachdenken. Auch wenn der das nicht gleich zugibt.* ■

WIE WIR DIE WELT RETTEN!

STICHWORT: **RASSISMUS**

*Ihr wollt selbst etwas tun? Wir stellen euch **Tipps** und Ideen vor*

WISSEN!

- 1277 rassistische Straf- und **Gewalttaten** zählte die deutsche Polizei im Jahr 2017. Dazu gehören Angriffe auf Flüchtlingsheime oder ausländerfeindliche Beschimpfungen.
- Zurzeit leben etwa 1,7 Millionen Schutzsuchende in Deutschland, darunter viele **Flüchtlinge**. Die meisten kommen aus Syrien.
- „Die Würde des Menschen ist unantastbar". Dieses und alle anderen **Grundrechte** der deutschen Verfassung gelten für Flüchtlinge genauso wie für deutsche Staatsbürger.

MACHEN!

- Seht euch den **Film »Andere Zeiten. Gleiche Fehler?«** der Anti-Rassismus-AG an, unter www.youtube.com/watch?v=xQYKEFUYTBM
- Engagiert euch selbst an eurer Schule und bewerbt euch um das **Siegel** „Schule ohne Rassismus". Infos unter www.schule-ohne-rassismus.org
- Informiert euch! Seht **Kindernachrichten**, etwa »logo« im ZDF, lest Kindermagazine und diskutiert mit euren Lehrern und Eltern. Denn: Wer mehr weiß, kann seine Meinung besser vertreten.

GEOlino extra Fotos: Björn Kietzmann/action press (l.); Nele Heitmeyer/GEOlino extra (r.); shutterstock (Hintergrund und Beiwerk)

Zahlen, bitte!

910 000

Schrebergärten gibt es in Deutschland, mehr als irgendwo sonst auf der Welt. Warum sie heißen, wie sie heißen: Daniel Gottlob Moritz Schreber forderte im 19. Jahrhundert Spielplätze für körperlich schwache Kinder. Nach seinem Tod benannte man die Gärten deshalb nach ihm.

7,9

Liter **Eis** isst ein Deutscher durchschnittlich in einem Jahr.

74,3 Prozent aller Einkäufe in Geschäften zahlen wir bar. In keinem anderen Euro-Land sind so viele Münzen und **Scheine** im Umlauf wie in Deutschland.

58 Kilogramm **Kartoffeln** isst ein Deutscher durchschnittlich im Jahr – nur noch. In den 1950er-Jahren waren es mehr als dreimal so viele.

34

Millionen **Haustiere** halten wir schätzungsweise, darunter 13,7 Millionen Katzen und 9,2 Millionen Hunde. Im europäischen Vergleich liegen wir damit nach Russland auf Platz zwei.

27

Minuten pro Tag treiben wir **Sport** – durchschnittlich.

18,6

Millionen Tonnen **Verpackungsmüll** produzierten die Deutschen im Jahr 2016 – so viel wie nirgendwo sonst in Europa. Pro Person sind das etwa 220,5 Kilogramm Joghurtbecher, Bonbontüten und Co.

7 090 107

Mitglieder zählen die **Fußballverbände** in Deutschland. Knapp jedes fünfte ist jünger als 15 Jahre.

6

Monate seines Lebens verbringt ein Deutscher im Durchschnitt auf der **Toilette**.

13

Tage dauert der Haupturlaub der Deutschen im Durchschnitt. Am liebsten machen wir Bade- und Strandurlaube, aber auch **Städtereisen**.

73

Prozent der Deutschen sparen. Die meisten legen im Monat 100 bis 200 **Euro** zurück.

24

Jahre und fünf Monate unseres Lebens verschlafen wir im **Bett**.

33

Prozent der deutschen Mädchen und Jungen lesen mehrmals pro Woche in einem gedruckten **Buch**.

ALLES WIRD GUT

11,5

Milliarden Fahrten zählten die **öffentlichen Verkehrsmittel** im Jahr 2017. Damit fuhren so viele Menschen mit Bus und Bahn wie nie zuvor in Deutschland. Gut für die Umwelt!

1500

verschiedene **Wurstsorten** soll es in Deutschland geben. Sie machen uns zum weltweiten Wurstmeister.

SICHER IST SICHER

Brandgefährlich? Ist dieser Teddy nicht. Die **Flamme** erlischt nach wenigen Sekunden von allein, wie der Test beim TÜV zeigt

Feuerprobe beim TÜV

Fragt man Menschen aus anderen Ländern, wie die Deutschen so sind, hört man oft: sorgfältig und genau. Für die Experten vom TÜV Rheinland gilt das umso mehr. Sie quälen Teddys, zerlegen Toaster und traktieren Stühle – um herauszufinden, wie sicher sie sind. In kaum einem anderen Land der Welt werden **Alltagsprodukte** so gründlich getestet. Wir haben uns die kuriosen Prüfungen in Nürnberg einmal angeschaut

Text: **Simone Müller** Fotos: **Melanka Helms**

Das Beste an Sebastian Röschs Beruf? „Ich kann mit fast jedem Spielzeug spielen, das neu erfunden wird", sagt er und grinst. Schließlich arbeitet Sebastian Rösch als Prüfer beim TÜV Rheinland, einem der Technischen Überwachungsvereine (TÜV). Die Unternehmen lassen hierzulande Autos vorfahren, um zu kontrollieren, ob das Licht leuchtet und die Bremse bremst. Und sie testen die Sicherheit von Toastern, Stühlen, ferngesteuerten Autos oder Stofftieren. Dabei geht es manchmal ganz schön heiß her, vor allem in der:

SPIELZEUGPRÜFUNG

Es brennt! Lichterloh steht der Stummelschwanz des Stoffbären in Flammen. Das Fell schmilzt, tropft stinkend schwarz auf die Arbeitsplatte. Doch nach wenigen Sekunden geht die Flamme von allein aus. „Test bestanden!", sagt Rainer Weiskirchen, Pressesprecher beim TÜV Rheinland. Er führt durch die Labore in Nürnberg, in denen rund 400 Experten alle möglichen Produkte testen – so wie Sebastian Rösch, zu dessen Job es gehört, Teddybären Feuer unterm Hintern zu machen. Hören die Plüschtiere nicht wieder auf zu lodern, könnten sie das ganze Haus in Brand stecken.

Neben der „Feuerprobe" müssen die Teddys auch einen Abrisstest über sich ergehen lassen. Dabei zerrt ein Gerät an Augen, Nasen und Ohren. Bestanden haben die Plüschtiere nur, wenn alle Teile halten. Denn sonst könnten Kleinkinder sie abreißen, in den Mund stecken und sich daran verschlucken. Außerdem kontrolliert Sebastian Rösch, ob giftige Chemikalien im Plüschfell stecken. Für jede Art von Spielzeug gibt es eigene Tests, oft so viele, dass jeder TÜV-Mitarbeiter nur ein bis zwei Produkte pro Tag prüfen kann.

In Containern auf dem Flur sammelt sich die Ausbeute der Woche: 3-D-Puzzles, grüne ▸

PLÜSCHTIERE

TÜV-Prüfer Sebastian Rösch nimmt heute dieses Plüsch-Eichhörnchen in die **Zange** (ganz oben). Zehn Sekunden lang zerrt eine Vorrichtung an dessen **Auge**, die Kraft entspricht dabei einem Gewicht von neun Kilogramm (oben). Alle angenähten Kleinteile müssen diese Zugprüfung bestehen

GEOlino extra Illustrationen: shutterstock

FERNGESTEUERTE AUTOS

Crashtest für Spielzeugautos: Fünfmal kracht jedes Modell aus 85 Zentimeter Höhe auf den **Boden** (ganz unten). Dabei dürfen keine spitzen Teile abbrechen. In einem Spezialraum testen die Prüfer außerdem, ob die **Fernsteuerung** funktioniert – oder ob sie aus Versehen den Fernsehapparat einschalten könnte (unten)

Magnetbuchstaben, Knete, Luftmatratzen, Gummitiere – alle kaputtgetestet. „Das gehört dazu", sagt Sebastian Rösch. „Unsere Tests sind ganz schön brutal."

Viele neue Spielzeuge, die Hersteller entwickeln, landen zunächst in den Händen der TÜV-Experten. Und die müssen sich immer wieder neue Tests einfallen lassen. Als vor einigen Jahren etwa die ersten ferngesteuerten Mini-Hubschrauber auf den Markt kamen, haben die TÜV-Mitarbeiter beim Metzger Kuhaugen gekauft, um herauszufinden, ob die Rotorblätter die Augen verletzen können. „Das klingt spaßig, kann aber manchmal auch ganz schön trocken sein", erzählt Sebastian Rösch. Schließlich gibt es für alle Tests strenge Vorschriften. Was genau das bedeutet, bekommen wir wenig später am eigenen Leib zu spüren, in der:

SPÜLMASCHINEN-PRÜFUNG

Als wir den Raum betreten, schlägt uns warme, feuchte Luft entgegen. „Das Klima hier ist genormt. Das heißt: 23 Grad Celsius und 55 Prozent Luftfeuchtigkeit müssen herrschen", informiert uns die Leiterin Susanne Schäfer. Ihre Mitarbeiter kontrollieren, ob die Geräte das Geschirr auch wirklich sauber spülen. Damit die Ergebnisse nicht verzerrt werden, muss nicht nur das Raumklima konstant bleiben. Auch Teller, Tassen und Gläser müssen immer gleich schmutzig sein. Die Mitarbeiter pinseln deshalb exakt fünf Gramm Spinat auf jeden Teller, lassen zehn Milliliter Milch in jedes Glas einbrennen.

Nachdem das Geschirr vorschriftsgemäß beschmutzt ist, müssen die Essensreste antrocknen, natürlich ebenfalls nach Norm. Rund 150 Seiten dick ist der Ordner, in dem alle Vorgaben für den Spülmaschinentest festgehalten sind. Jede einzelne davon schreibt das deutsche beziehungsweise europäische Gesetz vor. Mithilfe der Normen entwickelt wiederum der TÜV seine Testverfahren. Oft

SKIBRILLEN

Von Fall zu Fall: In einem **Kälteschrank** hat TÜV-Expertin Kerstin Mauff eine Skibrille auf minus zehn Grad Celsius heruntergekühlt – Bedingungen wie auf der Piste. Dann stülpt sie die Brille einem Plastikkopf über und lässt eine murmelgroße Metallkugel darauf fallen. Der Test soll zeigen, ob das Glas bei einem Sturz auf einen Stein bricht

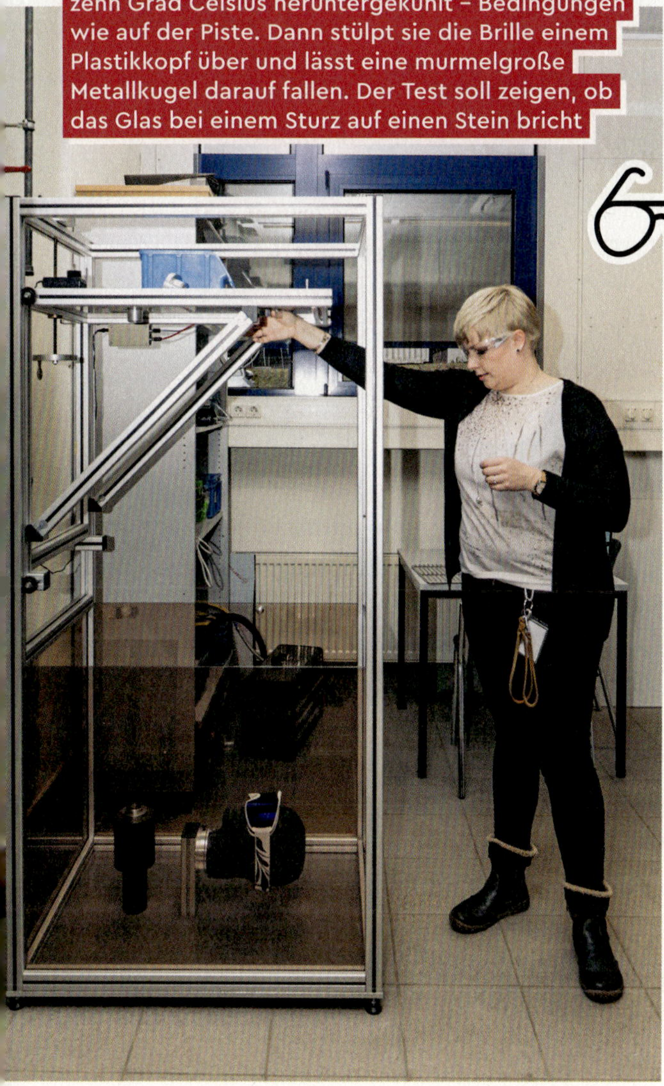

sind die Vorgaben strenger als irgendwo sonst auf der Welt. Produkte, die US-amerikanischen Normen entsprechen, dürfen in Europa und damit in Deutschland bisweilen nicht verkauft werden – zu unsicher.

Vor rund 150 Jahren begann der TÜV damit, Dampfmaschinen zu testen, später kamen Autos, Aufzüge und Alltagsprodukte dazu. Für die Prüfungen wird er von den Herstellern bezahlt. Inzwischen gilt die deutsche Gründlichkeit weltweit als Qualitätssiegel. In der Türkei etwa müssen seit einigen Jahren nach deutschem Vorbild alle Autos zum TÜV. Produktprüfungen führen Mitarbeiter unter ▸

SPÜLMASCHINEN

Wie man **Geschirr** ordentlich schmutzig macht, weiß Daniela Wittmann (oben): Für den Spülmaschinentest pinselt sie exakt fünf Gramm **Spinat** (ganz oben), drei Gramm Hackfleisch oder zwei Gramm Ei auf die Teller. Fotos an den Wänden zeigen ihr, wie der Standard-Schmutz aussehen muss

GEOlino extra Illustrationen: shutterstock

TOASTER

Die TÜV-Prüfer machen keinen Finger krumm, um zu testen, ob eben dieser durch die Lüftungsschlitze eines Toasters passt. Dazu benutzen sie **Normfinger** aus Metall (oben). So stellen sie sicher, dass man keinen Stromschlag bekommen kann. Außerdem prüfen sie den **Stecker** (ganz oben) und drücken den Schalter bis zu 10 000-mal herunter

PÜRIERSTÄBE

Geht es beim Zerkleinern von Karotten heiß her? Das zeigt dieser Test. Dazu haben die Prüfer den Pürierstab mit etlichen **Sensoren** verkabelt. Während dieser fünfmal hintereinander je 200 Gramm Karotten häckselt, messen sie die Temperatur an verschiedenen Stellen des Gerätes. Würde es überhitzen, könnte man sich die Finger verbrennen

anderem in Thailand, Saudi-Arabien und Australien durch, stecken metallene Normfinger in Schlitze von Toastern oder lassen ferngesteuerte Autos aus genormter Höhe auf den Boden fallen – wie in Nürnberg.

Und dann gibt es dort sogar noch das europäische Normgesäß in der:

MÖBELPRÜFUNG

Der Prüfpo aus Kunststoff wird von einem Automatik-Arm auf die Sitzfläche von Stühlen gepresst. „Wir testen sie für Personen mit 110 Kilogramm Gewicht“, sagt Mitarbeiter Josef

Lauterkorn, während das Normgesäß gerade auf einem Bürodrehstuhl Platz nimmt. Ein Normrücken drückt kurz darauf gegen die Rückenlehne. Hinsetzen, anlehnen, aufstehen, hinsetzen, anlehnen, aufstehen – insgesamt rund 200 000-mal wird die Benutzung so simuliert.

Nicht jeder Stuhl hält der Dauerbelastung stand. „Die Armlehnen brechen öfter mal", sagt Josef Lauterkorn. „Dann muss der Hersteller nachbessern und seinen Stuhl vernünftiger bauen, bevor er ihn auf den Markt bringt." Meistens testen die TÜV-Prüfer nämlich keine Produkte, die man schon im Laden kaufen kann, sondern neue Erfindungen oder Entwicklungen, sogenannte Prototypen. Das ergibt Sinn: Bevor die Möbelfirma Tausende Bürostühle produziert, die womöglich leicht kaputtgehen, lässt sie lieber erst einmal an ein paar Prototypen überprüfen, ob das Modell grundsätzlich robust konstruiert ist.

Manche Unternehmen gehen sogar noch einen Schritt weiter: Sie lassen nicht nur die vorgeschriebenen Mindeststandards testen, sondern zusätzliche Prüfungen durchführen – ebenfalls gegen Geld. Dafür dürfen sie dann das TÜV- oder GS-Zeichen (GS steht für Geprüfte Sicherheit) auf ihr Produkt drucken und können es mit diesen Qualitätssiegeln besser verkaufen.

Mit den Produkten stellen die Prüfer dann allerlei Unfug an. Werfen Schrauben in Mixer oder bringen Brot im Toaster zum Brennen. „Unsachgemäßer Gebrauch" nennen sie das beim TÜV. „Der Mixer darf dabei kaputtgehen. Das Siegel bekommt er trotzdem – solange dem Menschen, der ihn benutzt, nichts passiert. Das ist schließlich das Wichtigste!" ■

Der Härtetest für die **GEOlino-Reporter** Melanka (links) und Simone: Nach der Recherche aus den vielen Infos und Bildern die spannendsten auszuwählen

BÜROSTÜHLE

Auf und nieder, immer wieder: In der Möbelprüfung nimmt ein computergesteuertes **Normgesäß** bis zu 200 000-mal auf jedem Stuhl Platz (oben). Außerdem überprüft Josef Lauterkorn mit Gewichten, wie leicht der Drehstuhl nach vorn, zur **Seite** oder nach hinten umkippt (ganz oben)

DAS IST IHR JOB

Roboter programmieren, Gartenzwerge gestalten, den ganzen Tag Fußball spielen: Viele Berufe klingen unglaublich spannend. Sind sie es wirklich? Wir machen den Check

Protokolle: ***Nicole Röndigs***

Tradition aus Ton: Schon Reinhard Griebels Urgroßvater stellte Gartenzwerge und andere Figuren in **Handarbeit** her

GEOlino extra Fotos: Clemens Zahn/Laif (l.u.l., r.o.l.); Christian Fischer/BILD (l.); John MacDougall/AFP/Getty Images (r.o.r.); Gartenzwergmanufaktur Gräfenroda (r.u.); shutterstock (Beiwerk)

Ob auf der **Fensterbank** oder im Vorgarten: In Deutschland tummeln sich Millionen Gartenzwerge

Farbe ins Spiel! Per Hand pinselt Reinhard Griebel dem gebrannten Rohling ein rotes Lächeln ins Gesicht und die rote **Mütze** auf den Kopf

REINHARD GRIEBEL, 65:

GARTENZWERG-HERSTELLER

Arbeitsort: Gartenzwerg-Manufaktur Philipp Griebel in Gräfenroda, Thüringen

So sieht mein Alltag aus: In unserer Werkstatt entwerfe und modelliere ich Gartenzwerge aus Ton. Zusammen mit meinen beiden Mitarbeitern produziere ich 4000 Stück im Jahr! Für einen Zwerg brauche ich rund zehn Tage – wir produzieren aber immer mehrere gleichzeitig. Zuerst gieße ich den angerührten Ton in eine Form. Der Rohling, der so entsteht, muss dann erst einmal trocknen. Anschließend verputze ich kleine Unebenheiten und lasse den Zwerg zwei Tage ruhen. Danach kommt er in den Ofen und wird bei über 1000 Grad gebrannt. Später bemale und lackiere ich ihn, und fertig ist der Gartenzwerg. Besonderen Spaß hat es mir gemacht, vor rund 20 Jahren die ersten Zwerginnen zu entwerfen – vorher gab es nämlich nur Männer.

Ich bin Gartenzwerghersteller geworden, weil ... ich mit den Zwergen groß geworden bin. Meine Familie stellt schon seit rund 140 Jahren Gartenzwerge her.

Das mag ich besonders an meinem Job: Gartenzwerge schimpfen und meckern nie. Schon wenn ich sie aus der Form nehme, haben sie ein freundliches Lächeln im Gesicht.

Manchmal nervt mich ... dass manche Leute sagen, die Zwerge seien kitschig. Aber wenn solche Besucher in die Manufaktur kommen, kaufen sie am Ende lustigerweise oft trotzdem einen.

Während meiner Ausbildung habe ich gelernt ... Geduld zu haben. Die braucht man nämlich als Keramikformer – so heißt der Beruf eigentlich. Gerade am Anfang ist das Formen und Modellieren von Ton gar nicht so einfach. Da muss man oft wieder von vorn anfangen.

Mein Tipp: Wenn ihr gern kreativ mit Ton arbeiten wollt, solltet ihr kein Problem damit haben, euch auch mal schmutzig zu machen.

Verdienst: 2000 bis 3000 € im Monat

Actionfaktor: ★☆☆☆☆

Ist was für ... Einzelgänger, Kreative

Reinhard Griebel gießt die **Rohlinge** aus flüssigem Ton. Formen für 400 verschiedene Zwerge stapeln sich in seiner Werkstatt

MERLE FROHMS, 24:

PROFI-FUSSBALLERIN

Arbeitsort: Tor des FC Freiburg und der Deutschen Frauen-Fußballnationalmannschaft

So sieht mein Alltag aus: Als Berufsfußballerin trainiere ich täglich mit dem Team auf dem Platz. Das sind etwa zwölf Stunden pro Woche. Dazu kommen Kraftübungen im Fitnessraum. Außerdem habe ich gerade angefangen, Betriebswirtschaftslehre zu studieren. Mein Terminplan ist also ziemlich voll! Abends schnell eine Pizza in den Ofen schieben geht aber trotzdem nicht: Gesunde Ernährung ist enorm wichtig für Spitzensportler, deshalb muss ich immer Gemüse schnippeln und richtig kochen.

Ich bin Fußballerin geworden, weil ... ich früher dauernd als Trainingspartnerin für meinen großen Bruder herhalten musste. Dabei bin ich auf den Geschmack gekommen.

Das mag ich besonders an meinem Job: Als Torwartin ist man eine Einzelkämpferin im Team. Man trägt viel mehr Verantwortung als zum Beispiel eine Stürmerin, hinter der noch andere Spielerinnen stehen.

Manchmal nervt mich ... dass ich keine Tore schießen kann! Ab und zu würde ich gern einfach mal nach vorn rennen und mir den Ball schnappen.

Während meiner Ausbildung habe ich gelernt ... richtig gut Fußball zu spielen natürlich. Und geduldig an meinen Schwächen zu arbeiten.

Mein Tipp: Profi-Fußballerin zu werden ist harte Arbeit. Dafür braucht ihr jede Menge Ausdauer. Wichtig finde ich, dass trotzdem immer noch Zeit bleibt für Hobbys und Freunde. Wer neben dem Fußball noch ein anderes Leben hat, steckt Niederlagen leichter weg.

Verdienst: etwa 2500 € im Monat

Actionfaktor: ✸ ✸ ✸ ✸ ✸

Ist was für ... Teamworker, Sportler

Starkes Team: Seit 2018 steht Merle Frohms (blaues Trikot) für die **Nationalmannschaft** der Frauen im Tor

Merle Frohms verhalf der U17-Elf zum **EM-Titel** im Frauenfußball, mit der U20-Mannschaft wurde sie sogar Weltmeisterin

Paradebeispiel: Mit dieser Aktion rettet Merle Frohms beim **Freundschaftsspiel** gegen Spanien das Unentschieden für ihr Team

GEOlino extra Fotos: Karina Hessland/Getty Images (l.o.); Alexander Schuber/Getty Images (l.m.); Imago Sport (l.u.); Daniel Kuhner (r.3); shutterstock (Beiwerk)

Für seine Arbeit hat **Roboterforscher** Wolfram Burgard bereits einen wichtigen Preis verliehen bekommen

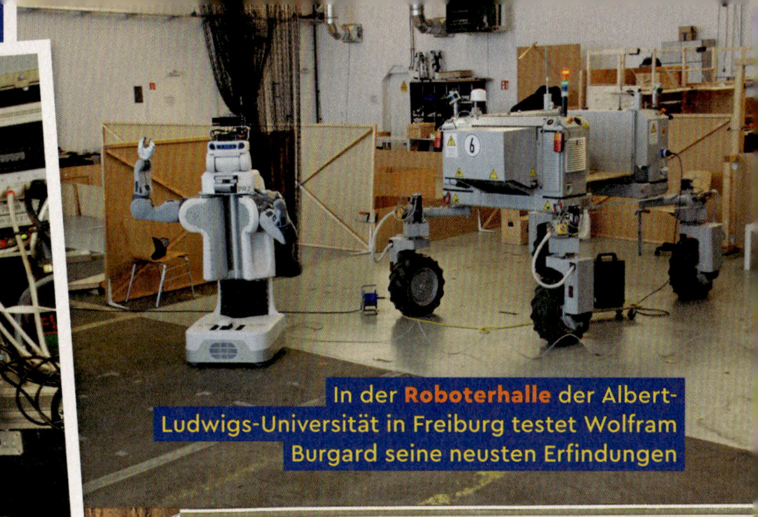

In der **Roboterhalle** der Albert-Ludwigs-Universität in Freiburg testet Wolfram Burgard seine neusten Erfindungen

Bitte recht freundlich! Roboter **Albert** führt Menschen durch Museen und versorgt sie mit nützlichen Informationen

WOLFRAM BURGARD, 58:

ROBOTERFORSCHER

Arbeitsort: Roboterhalle und Büro an der Albert-Ludwigs-Universität in Freiburg

So sieht mein Alltag aus: Oft bin ich in unserer großen Halle. Dort haben wir viele ganz unterschiedliche Robotertypen, zum Beispiel einen selbst fahrenden Gabelstapler oder einen Aufräumer. Meine Studenten und ich machen Experimente mit ihnen. Das heißt: Wir programmieren sie so, dass sie bestimmte Aufgaben lösen können – wie Türen öffnen, Dinge aus einem Regal nehmen oder ein Glas mit Wasser füllen. Im Moment bringen wir einem Landwirtschafts-Roboter bei, die Pflanzen auf einem Feld zu finden, ohne sie zu überfahren.

Ich bin Roboterforscher geworden weil … ich eines Tages am Büro eines Kollegen vorbeigekommen bin, der gerade einen Roboter zusammenbaute. Das fand ich so faszinierend, dass ich dachte: Das mache ich ab morgen auch! Bis dahin war ich Software-Programmierer. Das Schöne an Robotern ist, dass ich alles, was ich für sie programmiere, in der Wirklichkeit sehen kann.

Das mag ich besonders an meinem Job: Viele Menschen finden Roboter bedrohlich. Dabei machen sie das Leben besser! Sie können uns viel Lästiges und Schweres abnehmen. Ich zum Beispiel habe zu Hause einen Roboter, der den Rasen mäht. Toll, dass ich mich darum jetzt nicht mehr selbst kümmern muss!

Manchmal nervt mich … Der viele Papierkram, um den man sich als Wissenschaftler leider auch kümmern muss.

Während meiner Ausbildung habe ich gelernt … Computer zu programmieren und mathematische Probleme zu lösen.

Mein Tipp: Wer mit Robotern arbeiten will, sollte Spaß an Mathe haben. Ich staune immer noch, was man mit ein bisschen Rechnen alles erreichen kann!

Verdienst: 4000 bis 6000 € im Monat (Einstiegsgehalt)

Actionfaktor: 2 von 5

Ist was für … Forscher

RÄTSEL

Extratour

*Habt ihr alle Geschichten in dieser Ausgabe gelesen? Dann knackt ihr diese Knobeleien bestimmt. Wenn nicht: Viel **Spaß** beim Suchen! Die Lösungen verstecken sich nämlich im Heft*

1. Welcher dieser Gegenstände gehört nicht zu einem deutschen Brauch?

2. Welchen Test muss ein Teddy bestehen, bevor er in Deutschland verkauft werden darf?

A Falls er spricht, wird er abgehört, ob er vielleicht schlimme Schimpfwörter sagt.

B Er wird angezündet und muss von selbst aufhören zu brennen.

C Er wird auf einen Komposthaufen gelegt und muss sich in sechs Wochen zersetzen und in Erde verwandeln.

D Sein Fell wird unter dem Mikroskop auf Wanzen und kleine Spinnen untersucht.

3. Welcher Begriff passt nicht zu den anderen?

Pinocchio, Rotkäppchen, Hänsel, Rumpelstilzchen

4. Wo steht dieser Roboter?

5. Sechs Freunde sprechen über Deutschland. Wie viele sagen die Wahrheit? Kombiniert ihre Aussagen, um es herauszufinden!

6. Welche beiden Personen haben wir hier zusammengesetzt?

7. Aus welchem Land stammt die Frau, die hier perfekt Deutsch spricht?

8. Auf welches Bundesland passen folgende Angaben:

- Es grenzt an Thüringen.
- Auf seinem Wappen befindet sich ein gestreifter Löwe.
- Seine Hauptstadt heißt Wiesbaden.

A

B

C

9. Wo treffen sich Hirschkäfer, Eichhörnchen und Zwergfledermaus?

AUFLÖSUNG

1. Der grüne Hut wird beim St. Patrick's Day getragen, einem irischen Gedenktag (mehr dazu ab Seite 26)
2. B, schließlich müssen Spielsachen vor allem sicher sein (mehr dazu ab Seite 68)
3. Pinocchio. Die Holzfigur kommt als einzige nicht in einem Märchen der Brüder Grimm vor, sie wurde von dem italienischen Autor Carlo Collodi erschaffen (mehr dazu ab Seite 82)
4. Roboter Albert steht an der Albert-Ludwigs-Universität in Freiburg (mehr dazu ab Seite 76)
5. Drei. Lucy, Laura und Jim haben recht, die anderen liegen falsch
6. Bundeskanzlerin Angela Merkel und Bundespräsident Frank-Walter Steinmeier (mehr dazu ab Seite 15)
7. Aus Brasilien. Dort gehört Quark heute zum Wortschatz vieler Einheimischer (mehr dazu ab Seite 46)
8. Hessen (Umriss B) (mehr dazu ab Seite 15 und 56)
9. Die drei kleinen Tiere leben alle auf Eichen (und viele mehr, wie ihr ab Seite 22 lest)

GEOlino extra Fotos: Daniel Kuhner (l. u. r.); shutterstock

Die
DOPPEL-X-AGENTEN

Folge 4: **Die Brüder Grimm**

Ein Junge im Rollstuhl, ein dickköpfiges Mädchen und eine Schildkröte mit Sprachfehler: Das sind die Doppel-X-Agenten. Sie lüften so manches Geheimnis – im Auftrag von Professor XX

Idee & Text: *Björn Krause* Illustration: *Manuel Kilger*

Hier spielen alle verrückt! Meine Märchenfiguren sind intelligente Roboter, aber irgendetwas muss passiert sein: Ich habe sie nicht mehr unter Kontrolle. Ich hörte, dass Agent Smart eine Erfindung hat, mit der ihr mir helfen könnt?
Stimmt! Es gibt nur einen Weg, die Kontrolle zurückzubekommen: ein Reset. Dafür müssen alle Figuren ausgeschaltet werden. Das machen wir mit meinem dreispuligen Phaseninterruptor.
Nur ein Knopfdruck, und …
Nichts tut sich.
… die Sache ist ganz fix vorb …
…ei, ei, ei. Da hat wohl jemand den Faden verloren.
Keine Sorge, Professor! Wir schalten die Figuren einfach per Hand aus. Das geht doch, oder?
Grundsätzlich schon, aber das ist viel zu aufwendig und nicht bis morgen früh zu schaffen – dann muss das Museum spätestens wieder geöffnet haben!
Na, dann nichts wie an die Arbeit! Was müssen wir tun?
Herrje, also jede Figur hat einen versteckten Schalter. Wir müssen alle einfangen, ausknipsen und zurück in ihre Märchenwelt bringen. Nur dort können wir dann den Reset machen.

Jada hat schon losgelegt – und Rapunzel am Wickel.
Und wenn sie nischt gechtorben ist …
Aber seid vorsichtig! Ihr dürft niemandem auch nur ein Haar krümmen!
Keine Zeit zu verlieren! Auch Agent Smart und Agent Power machen sich an die Arbeit.
Einer der sieben Zwerge ist noch auf der Flucht. Doch viele andere Figuren fangen die Agenten schnell ein und schalten sie aus. Die Bremer Stadtmusikanten …
… die sieben Geißlein …
… Hänsel und Gretel und die Hexe.

Bald brauchen die Agenten eine kurze Pause.
Oh, schaut mal. Hier steht, dass die Brüder Grimm extra nach Kassel gezogen sind, um ein Gymnasium zu besuchen. Sie haben ihren Abschluss dort doppelt so schnell gemacht wie üblich, und jeden Tag vier Stunden extra Latein- und Französischunterricht bekommen! Kein Wunder, dass sie später Sprachforscher geworden sind und sich besonders mit der Geschichte der deutschen Sprache beschäftigt haben. Was für Überflieger!
Aber warum wurden ausgerechnet diese Märchen so berühmt? Und wieso gibt es sie noch heute?
In den Geschichten geht es um Liebe, Sehnsucht, Armut, Neid – da findet sich jeder Mensch wieder. Außerdem haben Erwachsene die Märchen dafür genutzt, um Kinder zu erziehen. In jeder Geschichte steckt nämlich eine Botschaft, eine Lehre. Und dann ist da noch dieser wunderbar romantische Erzählton, der die Menschen bis heute begeistert.
Stimmt es, dass die Märchen sogar weltweit bekannt sind?
Aber ja! Selbst die US-amerikanische Filmwelt in Hollywood ist angetan. Walt Disney etwa hat aus vielen Märchen Zeichentrickfilme gemacht. Außerdem gibt es Filme wie „The Brothers Grimm“ oder „Snow White and the Huntsman“ mit echten Schauspielern.
Genug der Märchenstunde. Die Agenten machen sich wieder an ihre Arbeit.
Endlich! Ich habe den letzten Zwerg erwischt!
Ich bin kein Zwerg! Aber dreimal darfst du raten, wie ich heiße. Errätst du es jedoch nicht, bekomme ich dein Erstgeborenes!
Du spinnst wohl!?
Maya, das ist Rumpelstilzchen, pack es zur Müllerstochter.

Auch Jada ist wieder auf der Jagd.
Warum hast du denn so große Augen?
Als Luke sein nächstes Opfer geschnappt hat, wird er stutzig …
Moment mal, Pinocchio, gehörst du überhaupt zu den Märchen der Brüder Grimm?
Jaaaaaaaa!
Gut, dass du fragst, Luke. Tatsächlich stammt der Kleine hier aus der Feder des italienischen Autoren Carlo Collodi. Pinocchio wohnt bei mir im 1. Stock. Hier hat er eigentlich nichts zu suchen.
Übrigens, wo ich gerade von Collodi spreche: Die Grimms haben gar nicht nur deutsche Volksmärchen gesammelt, wie viele glauben. Die Märchen kamen oft aus französischen Quellen.

Wenn der Märschenonkel noch mehr von dem langweiligen Kram erzählt, falle isch gleisch in einen hunderttausendjährigen Chlaf.
Endlich! Die Agenten haben alle Märchenfiguren eingefangen und zurück an ihren Platz gebracht, natürlich auch den fehlenden Zwerg.
Wir haben es geschafft!
Das Reset war erfolgreich. Die Mission ist erfüllt.
Was mich aber noch interessiert, ist, wieso hier alles plötzlich verrücktgespielt hat. Da muss jemand die Schaltzentrale manipuliert haben ...
... indem er die Kabel herausgezogen hat. Und ich habe da so einen Verdacht, wer das gewesen ist.
Ich war's nicht. Und tue es nie wieder!
ENDE

TIPPS & INFOS

Mehr zum THEMA

Top-3-Nationalparks

Bayerischer Wald

Mehr als drei Viertel aller Menschen in Deutschland leben in Städten. Dabei bietet auch das Land tolle Erlebnisse, vor allem in den zahlreichen Nationalparks. Als erster wurde vor fast 50 Jahren der Nationalpark Bayerischer Wald gegründet. Seitdem bleiben die Fichten- und Buchenwälder dort von Menschen möglichst unberührt: „Natur Natur sein lassen", lautet das Motto. Als Besucher seid ihr trotzdem herzlich willkommen, solange ihr euch an ein paar Regeln haltet. Am besten startet ihr in einem der beiden Besucherzentren in Falkenstein oder Lusen. Dort gibt es Informationen und gute Tipps für Wanderungen und Spaziergänge. Luchse werdet ihr auf euren Streifzügen zwar nicht treffen, dafür sind sie viel zu scheu. Aber es gibt Freigehege mit den Raubkatzen, Wölfen oder Braunbären sowie einen Baumwipfelpfad. Oder ihr wagt tatsächlich einen Streifzug dorthin, wo Deutschland noch wirklich wild ist: in den dunklen Wald!

Nationalparkzentrum Lusen: Böhmstraße 39, 94556 Neuschönau • Nationalparkzentrum Falkenstein: Eisensteiner Straße 20, 94227 Ludwigsthal • www.nationalpark-bayerischer-wald.bayern.de

Wattenmeer

Zweimal täglich überspült das Meer die Nordseeküste auf Hunderten von Kilometern und zieht sich wieder zurück – ein einzigartiger Lebensraum für Wattwürmer oder Robben. Das Multimar Wattforum in Tönning ist ein guter Ort, um mehr über Tiere und Natur zu erfahren.

Multimar Wattforum • Dithmarscher Str. 6, 25832 Tönning • www.multimar-wattforum.de

Sächsische Schweiz

Der Nationalpark in der Nähe von Dresden beeindruckt vor allem durch seine tollen Felsen und Gesteinsformationen. Einige davon könnt ihr erklimmen, oft über abenteuerliche Metallleitern. Außerdem leben hier viele unterschiedliche Tierarten: etwa Rehe, Raubvögel oder Marder.

www.nationalpark-saechsische-schweiz.de

Museums-Tipp

Anschauliche Geschichte

DARUM GEHT'S: Rund eine Million Objekte sind im Haus der Geschichte versammelt, vor allem Alltagsgegenstände wie ein Trabi, ein Automodell aus der ehemaligen DDR (Foto), oder Geldscheine. Sie erzählen die Geschichte Deutschlands nach dem Zweiten Weltkrieg anschaulich – und bilden eine Art Gedächtnis des Landes.

DARUM LOHNT ES SICH: Ob Klamotten, Küchengeräte oder Kinderspielzeug – in dem weitläufigen Museum erfahrt ihr, wie das Land aussah, als eure Eltern und Großeltern selbst noch Kinder waren. Lasst euch überraschen!

Haus der Geschichte • Willy-Brandt-Allee 14, 53113 Bonn • www.hdg.de

Buch-Tipp

Früher und heute

DARUM GEHT'S: Max bekommt eine neue Klassenkameradin: Leila ist aus Syrien geflüchtet und hat in Deutschland ein neues Zuhause gefunden. Max findet sie nett, und er würde sie gern mal einladen. Aber er ist genauso schüchtern wie Leila! Schließlich ist es Max' Oma, die das Eis bricht. Denn sie ist auch wegen eines Krieges aus ihrer Heimat geflohen und weiß genau, wie Leila sich fühlt. Max wird fast ein bisschen eifersüchtig, als er sieht, wie seine Oma Leila aus der Vergangenheit erzählt. Geschichten, die Max gar nicht kennt, weil die Großmutter sie nie erzählen wollte.

DARUM LOHNT ES SICH: Klug stellt das Buch die Fluchtgeschichten von Leila und Max' Oma nebeneinander und zeigt, welche Probleme unterschiedliche Generationen in Deutschland zu meistern hatten.

Kathrin Rohmann: Apfelkuchen und Baklava oder Eine neue Heimat für Leila • Boje • 176 Seiten • 13 Euro

Spiel-Tipp

Mut zur Lücke

DARUM GEHT'S: In der Mitte eine große Deutschlandkarte, drum herum die Spieler, die raten müssen, wo darauf verschiedene Orte liegen. Minden zum Beispiel. Je genauer ihr euch festlegt, desto mehr Punkte winken. Aber es steigt auch die Wahrscheinlichkeit danebenzuliegen. Und dann geht ihr leer aus.

DARUM LOHNT ES SICH: Klingt nach einem Vergnügen für Erdkundestreber und niemanden sonst. Stimmt aber nicht. Die Regeln sorgen dafür, dass man auch mit Halbwissen siegen kann. Und Spaß macht es so oder so!

Günter Burkhardt: Deutschland. Finden Sie Minden? • Kosmos • für 2 bis 6 Spieler • etwa 30 Euro

Buch-Tipp

Blick fürs Detail

DARUM GEHT'S: In diesem Heft habt ihr in vielen lebendigen Geschichten gelesen, wie vielfältig eure Heimat ist. In dem Buch „Deutschland. Alles, was du wissen willst" vertieft ihr diesen Eindruck. Ihr reist durch die 16 Bundesländer und lernt Land und Leute näher kennen – mit Erklärtexten, bunten Illustrationen und jeder Menge Details.

DARUM LOHNT ES SICH: Die wenigsten lesen dieses Buch wohl von Deckel zu Deckel – es stecken einfach zu viele Informationen drin! Wer immer mal wieder hineintaucht, wird aber zu einem echten Deutschland-Kenner.

Deutschland. Alles, was du wissen willst • Carlsen • 192 Seiten • 18 Euro

Unsere Buchtipps präsentieren wir zusammen mit Mikado. Alles über das Kinderradio von NDR Info erfahrt ihr unter www.ndr.de/mikado

GEOlino extra Fotos: shutterstock (l., Hintergrund und Beiwerk); Stefan Ziese/ddp (r. o.), PR (3).

VORSCHAU

Das nächste Heft erscheint am 22. Mai 2019

Auch mit DVD erhältlich!

Diesmal: »Nur ein Tag«. Der **Spielfilm** zeigt mit viel Leichtigkeit, wie wichtig es ist, seine Lebenszeit sinnvoll zu nutzen

Zeiger, lang wie Bahnwaggons, und ein 43 Meter großes Zifferblatt: Die Turmuhr in der Wüstenstadt **Mekka** ist die größte der Welt. Wir berichten von ihrem Bau

Zeit

Mal scheint sie zu kriechen, dann wiederum vergeht sie wie im Flug. Im nächsten Heft betrachten wir eines der rätselhaftesten Phänomene unseres Lebens: die Zeit. Warum bloß messen wir sie in **Sekunden** und Minuten? Wie funktionieren Uhren? Und warum vergeht die Zeit für Astronauten langsamer als für Menschen auf der Erde? Diese und viele weitere Fragen beantworten wir im Heft. Außerdem besuchen wir Kinder, in deren **Sport** es um Zehntelsekunden geht, und werfen einen Blick hinter die Kulissen einer U-Bahn-Leitstelle. Dort sorgen die Mitarbeiter dafür, dass die **Züge** rechtzeitig aus der Station rollen. Lest, wie Tiere und Pflanzen es schaffen, „pünktlich“ im Frühjahr zu schlüpfen oder zu blühen. Und gebastelt wird natürlich auch – eine schicke Sanduhr!

Nicht immer ticken Uhren – bei manchen rieselt auch leise der **Sand**. Lest, wie die verschiedenen Uhrtypen funktionieren

Uhrenvergleich

GEOlino extra Fotos: Fayez Nureldine/AFP/Getty Images (l.); shutterstock (l. u., r. o. l., r. u., Beiwerk); dpa/Picture alliance (r. o. r.); Solvin Zankl (r. m.)